言語化
100の法則

VERBALIZE IN AN EASY-TO-UNDERSTAND WAY

語彙力を高め、
適切な表現や使い方をしていく

山口謡司 [監修]
YOJI YAMAGUCHI

日本能率協会マネジメントセンター

はじめに
―― 「自分なりの視点」と「相手を思う気持ち」で
　　 言葉をつむぎ出す

　言葉が世界をつくります。

　言葉があってはじめて、人はものを考えたり、人と意思を疎通することができ、そして自分を変革したり、社会を住みよいものにしたり、世界を明るく平和なものにすることができます。

　思っていることを「言語化」すると言いますが、「思う」ためにも「考える」ためにも、我々は「言語化」する能力が必要です。

　でも、誰にでも、よくありますね。

　――言いたいことがあるのに、うまく言葉が出てこない

　――何を言いたいのかわからなくなってしまう

　――ありきたりな感想しか言えない

　「言語化」と言われても、すぐにはできるはずがありません。

　さて、ニューヨークのマンハッタンに住んで、一九五〇年代初頭から半世紀以上、この町の写真を撮り続けた写真家（画家でもあった）ソール・ライター（1923～2013）が、こんな言葉を遺しています。

　「重要なのは、どこで見たとか、何を見たとかいうことではなく、どのように見たかということだ」（『ソール・ライターのすべて』2017年青幻舎）

　自分なりの視点で物事を見ることができるかどうか、とくに写真家と呼ばれる人は、言葉になる以前の「現象」を自分の手の中に掴むような思いで、シャッターを切るのではないでしょうか。

　はたして、そうだとすれば、「言いたいことがあるのに、うま

く言葉が出てこない」ということ、あるいは「ありきたりな感想しか言えない」という悩みは、この世界を、素直に、自分の目で見ることから始まるのではないかと思います。

　もちろん、自分なりの視点、あるいは自分らしい視点を持つことは、そんなに簡単なことではありません。でも、じつは、こんなときに、ちょっとこんなことを考えてみると、「なんだ！」と思うことがあります。

　難しい文法の話だと思わないで、読んで頂ければと思います。

　「名詞」というものがあります。別の言い方をすれば「名前」あるいは「タグ」です。

　でも、この「名詞」は２種類に分けられます。一般名詞（「普通名詞」ともいう）と固有名詞です。一般名詞は、存在物の種類のすべてかほとんどのメンバーに属するものを指す言葉です。人、動物、植物など、大きく、グループとして対象を捉える場合には一般名詞が視点の座標になります。これに対して「固有名詞」は、特定の個々の指示対象を選び出すことができるものです。人の名前などはまさに「固有名詞」に他なりません。

　ところで、みなさんもきっとアドレス帳をお持ちだろうと思います。知人の名前、住所、電話番号、メールアドレスなどが書かれたものです。アドレス帳は、別の言い方をすると、自分から見た人の繋がりです。それぞれの人と関係性が深かったり浅かったりの違いはあるにせよ、自分を中心とした「固有名詞」によって識別される「個人」と繋がっている関係図です。そして、このような関係図を、みんなが持っていて、他人から見れば、「自分」はその中の「１人」として機能しています。いわゆる「ネットワーク」ということになるでしょう。

　このネットワークは、奇妙な現象で、偶然の遭遇をもたらして

くれることがあります。たまたま、遥かな旅先で行ったお座敷で、襖を隔てて話を聞いていると、自分の先祖とつながりのある人だったとか、不思議な縁で繋がれているようなことがあります。人のネットワークは不思議なくらい無限の広がりを持つと同時に、個人というレベルで考えると、ときに、非常に閉じているものです。

さて、「一般名詞」と「固有名詞」、「広がるネットワーク」と「個人というレベルで見ると閉じた人間関係」という視点の持ち方は、自分の考えや感想を「言語化」するときにとても役だってくれます。

それは、自分の考えを書いたり、話したりする時に、「誰に対して」「どの程度の生活範囲」で、言葉を使えばいいかがわかるからです。

再び、ソール・ライターの言葉を引いてこの「はじめに」を閉じたいと思います。

「写真はしばしば重要な瞬間を切り取るものとして扱われたりするが、本当は終わることのない世界の小さな断片と思い出なのだ。」

言葉も同じです。人は、いつも、人との関係を創るときに、相手に対して、「自分が知る世界の小さな断片」と「印象」を与えているのです。

そのことを忘れないようにすると、きっと素敵な、自分らしい言葉で、人に伝えたいことを伝えられるようになります。

言葉とは、自分を御すことも、世界を冷静に見つめ直すこともできる強い力を持つものです。

2024年4月
山口謠司拜

第1章 言語化とは何か

第2章 モヤモヤを言葉にする思考の整理術

第3章 言葉にする力がつく 語彙力の高め方

第4章 「伝わらない」がなくなる言葉の伝え方

第5章 **「何を書いたらいい?」がなくなる
文章力の高め方**

第6章　考える力がつく　本の読み方

第**7**章 ## 言語化力が自然と身につく
日常の小さな習慣

言語化とは何か

頭の中に浮かぶ考えを言葉にする言語化力は、生きるうえで欠かせない能力のひとつです。言葉にできる人ほど、自身の強みをうまく発揮することができます。まずは本章で、言語化力が私たちにどのような影響を与えているのかを知りましょう。

「言葉にできない」と
生きづらい

　自分の考えをうまく伝えたり、文章に書き起こしたりすること
を苦手としている人は多くいます。

　たとえば、会社でのプレゼンテーションや取引先との商談で、
言いたいことがあってもうまく言葉が出てこない、どのように伝
えれば相手が納得するか考えすぎて言葉に詰まってしまうという
のはよくあることです。また、会議の資料を作成する際や、社内
のチャットで意見を交換する際などに伝わりやすい文章にまとめ
ることができないという悩みは、多くの人が抱えています。それ
らは、自分の考えを言葉にして相手にうまく伝える能力、すなわ
ち言語化する力が乏しいことで起こる問題です。

　一見、大きな問題には見えないかもしれません。しかし、言語
化に時間を費やすことで残業時間が増えてしまい、周囲の人々か
ら「仕事ができない人」というレッテルを貼られ、昇進や昇給に
つながらないといった、キャリアへの悪影響にもつながってしま
います。

　たとえ、あなたがどんなに素晴らしいアイディアを持っていた
としても、言葉として伝えることができなければ意味はありませ
ん。せっかくのアイディアが日の目を見ないばかりでなく、周囲
の人々からは「何も考えていない人」と思われても、致し方のな
いことでしょう。つまり**「言語化」は社会人としての必須スキル**
だといえるのです。

　自分の考えを言語化できずに起こる弊害は、ビジネスの場だけ
にとどまりません。プライベートにおいても、家族や友人と円滑
なコミュニケーションを取れず、良い信頼関係を築くことができ
なくなってしまいます。また、社会人のみならず学生にとっても
言語化する能力は欠かせないものです。大学生や大学院生といっ
た立場であれば、どんなに成果までの過程が素晴らしくても、う
まく論文に落とし込めなければ良い評価はつきません。最悪の場
合、その後のキャリアにも傷がついてしまいます。

　しかし、人前で話すための技術を身につけたり、伝わりやすい
文章を書く練習をしたりと努力することで、頭の中に浮かぶ考え
を相手にうまく伝えられるようになります。この本を通して考え
を言語化する能力をつけ、同時に自身の強みや武器にしていきま
しょう。

ポイント

- 言語化は社会人にとっての必須スキル。
- 高い言語化のスキルは、キャリアをより良いものにする。
- プライベートの場や学生にとっても言語化する力は大切。
- 言語化する力は身につけられる。

「あ・うん」に慣れた日本人

言葉にして伝える
訓練が足りていない

かつての日本、とくに研究者の世界では、自身の考えをアウトプットしなくてもとくに問題がない時代がありました。そこには、10年に一度のようなスパンで大きな成果を出せば良し、という風潮があったのです。

しかし、そうした長い目で見る雰囲気は1990年代のコンピューターの普及とともに終わりを告げます。それは研究成果がどの程度引用されたか、どのような影響をもたらしたかという詳細がインターネット上に明確に示されるようになったためです。そうした「情報の透明化」により、良い成果をコンスタントに出していくことが求められるようになりました。

このような風潮は研究者だけの話ではありません。一般社会に生きるビジネスパーソンにとっても、上司をはじめとする社内の人間に対し、アウトプットまでにかかるプレッシャーを相当なものにしています。

そもそも私たち日本人には、考えをアウトプットするための訓

練の場が足りていません。その理由には、会話を行う上で話の前提を飛ばし、本題からスタートしてしまうことがあります。たとえば、家族や友人のような親しい人との会話で返事が「うん」という一言で終えられてしまう、スマートフォンで連絡を取り合うにも絵文字やスタンプで会話が完結してしまうことなどが挙げられます。

　つまり**「あ・うん」で会話ばかりしている状況に日本人は慣れてしまっている**のです。そのような状況があって、ビジネスでもとくに話の前提を踏まえて伝えなければならない相手＝上司と満足に会話することは難しいでしょう。

　「あ・うん」のような簡単な会話で終わらせず、自分の考えを相手にしっかりと伝えるためにも、まずは言葉を尽くしたり、相手の意図をくみ取ったりするなど、最善を尽くすことが大切です。私たちが会話をしている相手の思考を100％理解できないように、相手もまたこちらの思考をすべて読み取れるわけではありません。しかし、相手の考えに寄り添うことはできます。わからないなりに、相手の思考に想いを巡らせて理解しようとする。そうした深いコミュニケーションを意識することで、自身の考えを言語化する力も身につくでしょう。

ポイント

- 日本人は会話の前提を省いてしまうことが多い。
- 本題からスタートした会話で要点が伝わらない。
- 「あ・うん」で会話が完結してしまう。
- 相手の思考を理解しようと努力することが重要。

そもそも日本語は
複雑で難しい

　私たち日本人の多くが言語化を苦手とする理由に、そもそも日本語が複雑で難しいという側面があります。

　日本語は5世紀に中国大陸から渡ってきた渡来人によって伝来したものをルーツとしています。当初は漢字のみでしたが、そこから独自に言語を発展させ、800年代前半にはカタカナ、900年ごろにはひらがなを生み出しました。その後さらにローマ字が加わり、日本語は漢字・カタカナ・ひらがな・ローマ字という4種類の異なる文字を使い分ける言語に発展しており、世界でも類を見ない言語とされています。

　たとえば、今皆さんが読んでいる「本」を表す言葉だけでも書籍・著作物・図書・読みもの・巻・ブックなど複数あります。また、自身を表す一人称にしても私・僕・俺のように、多岐にわたります。また、各地域に根付く方言の他、若者を中心に使われるスラングも含まれており、私たちはそうした複雑な言語を場面ごとに使い分けているのです。

普段から日本語を使う私たちにとっては、とくに難しいとは思えないかもしれません。しかし、海外からするとその使い分けは非常に難しいようで、米国国務省が公表した『言語習得難易度ランキング』では、日本語は最高難易度のカテゴリー5にランクインしています。なおかつ、同カテゴリーの多言語よりも難易度が高いとされているのです。

日本語は覚えるのも一苦労

カテゴリー1	フランス語、イタリア語、スペイン語など
カテゴリー2	ドイツ語
カテゴリー3	インドネシア語、マレーシア語、スワヒリ語
カテゴリー4	ロシア語、ギリシャ語、ヒンディー語など
カテゴリー5	日本語、韓国語、アラビア語など

このように漢字・カタカナ・ひらがな・ローマ字と異なる文字を使い分けている日本人ですが、裏を返せば語学的センスが優れているといっても過言ではありません。しかし、複雑な言語だからこそ受け手の知識量によっては伝わらなかったり、そもそも話し手が間違えた表現で伝えようとして失敗したりする場合もあります。言語化においては、大前提として「日本語は難しい」ことを念頭に置く必要があるのです。

ポイント

- 世界でもトップクラスの難易度である日本語。
- 4種類の文字を使い分ける複雑性。
- そもそも日本人は優れた語学的センスを持っている。
- 日本語は難しいことを念頭に置く必要がある。

言葉や文章での
言語化ができる人は強い

　自身の考えを言語化できないのは、そのシチュエーションが原因となることがあります。たとえば、よくあるのは「相手に謝罪をする」という場面です。それが会話だったとしても、文面でのやり取りだったとしても、そうしたシチュエーションで言語化がうまくできない人は、そもそも相手が「なぜ怒っているのか」を理解できていません。怒る原因がわからなければ、どのように謝罪をすれば相手が気持ちを静めてくれるか、筋道を立てて考えることもできないでしょう。

　では、相手が「なぜ怒っているか」を理解するにはどうすれば良いのでしょうか。その方法としては、しっかりと相手の立場に立って考えることが挙げられます。

　人が社会に出てから起こる他人とのトラブルの多くは、相手の立場に立てていないことで起こります。何もうまくいかないときに「自分はなんて不幸なんだ」「できない自分がダメなんだ」と問題を自身の中に見出そうとしても、物事は解決には向かいません。そんなときはアンテナを張り、相手がイメージしやすいビジュ

アルや、相手にとって都合の良いタイミングなどを考慮することで解決への糸口が見えてきます。

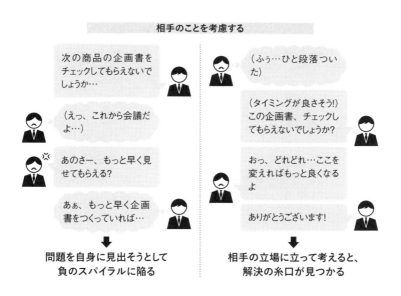

相手のことを考慮する

次の商品の企画書をチェックしてもらえないでしょうか…

（えっ、これから会議だよ…）

あのさー、もっと早く見せてもらえる？

あぁ、もっと早く企画書をつくっていれば…

→ 問題を自身に見出そうとして負のスパイラルに陥る

（ふぅ…ひと段落ついた）

（タイミングが良さそう!）この企画書、チェックしてもらえないでしょうか？

おっ、どれどれ…ここを変えればもっと良くなるよ

ありがとうございます!

→ 相手の立場に立って考えると、解決の糸口が見つかる

また、相手の立場に立つ体験を増やすことも重要であり、そのために本（物語）を読むことが一番の近道となります。読書は主人公になりきったり、登場人物の心情に寄り添ったりしながら読み進めていくものであり、そうした読書体験が他者への理解につながるのです。

ポイント

- 多くのトラブルは相手のことを考慮できずに起こる。
- 問題の原因を自身に見出すことはNG。
- 相手がなぜその行動に至ったかを考える。
- 読書体験が相手の立場に立つための経験になる。

ビジネスにおいて「言語化」は武器になる

　そもそも「言語化」とは、どういうものなのでしょうか。よくあるイメージとしては、自身の考えをスラスラと言葉にできる、豊富な語彙で言葉を適切に使いこなせる、論破力があるといったものが挙げられるでしょう。ただし、これらは本来の言語化とはいえません。言語化の本質とは、自身の考えや情報を適切な言葉に置き換え、相手にわかりやすく伝えることです。

　たとえば、あなたが新商品の企画・開発を行う部署に所属していたとします。そして、どのように売り出したいか考える際、多くの人は印象に残るようなキャッチコピーを打ち出し、顧客の購買意欲を上げたいと思うのではないでしょうか。しかし、顧客にとって耳障りのいいパワーフレーズを並べることが言語化ではありません。売ることを中心に捉えるのではなく、商品の性質や魅力が企画者（あなた）の言葉でしっかりと顧客に伝わることこそが大切なのです。

　言語化で得られるメリットは多くあります。代表的なものは、上司との報連相で明確に情報を伝えられる、プレゼンや会議で聞

き手に伝わりやすい説明ができる、顧客に刺さる企画を考えられるなどです。そこからさらに、**周囲からの評価が上がる、仕事が捗りやすくなる、会話に対する自信につながる**といった好影響にも波及していくでしょう。その中で、言語化力を高めてより良く仕事を行うためにも、大切にしてほしい3つの力があります。

語彙力	具体化力	伝達力

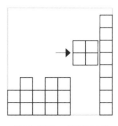

語彙力	具体化力	伝達力
◆「難しい言葉を使える＝語彙力が高い」ではない ◆考えをアウトプットするためにぴったりな言葉を見つけられる力が語彙力	◆抽象的な内容では伝わることも伝わらない ◆言葉の解像度を上げ、相手がイメージしやすく具現化する	◆相手が欲しい情報は何か考える ◆表現や伝える順番を工夫するちぐはぐにせず、相手に伝わりやすく伝達する

　3つの力のうち、とくに大切なのは「具体化力」です。考えや情報をどのように伝えるかではなく、何を伝えるかを第一とし、頭の中に思い浮かんだ言葉をどのように組み立てて具現化するか意識していきましょう。

ポイント

- 言語化により、周囲からの評価が上がる。
- 言語化により、仕事が捗りやすくなる。
- 言語化により、会話する際の自信につながる。
- 言語化には「語彙力」「具体化力」「伝達力」の3つが大切。

比較すれば伝わりやすい

周囲から必要とされる
存在になれる

　言語化は意識した本人だけに良い影響をもたらすわけではありません。本人の周囲にも良い影響をもたらし、人間関係を良くしてくれるものです。引いてはチームの生産性を上げることにもつながるでしょう。

　言語化により周囲とのコミュニケーションを図るうえで使えるテクニックは、比較することです。たとえば、あなたがインサイドセールスを行う営業の部署に所属していたとしましょう。そして、その日行ったテレアポの件数について上司に「今日のテレアポは50件でした」と報告したとします。その際、上司は褒めて良いのか否か判断に困ってしまいます。なぜなら、50件という数値が普段より多いのか少ないのかわからないからです。

　一方で「いつもは1日60件達成しているのですが、今日は50件しかできませんでした…」と報告すればどうでしょう。普段の件数を伝えたことで具体的な報告となり、上司も「今日は調子が出なかったんだね、明日は頑張ろう！」「ノルマは達成してるし問題ないよ！」というように返答がしやすくなります。

　このように、比較対象を用いることで物事が鮮明になり、相手の理解や反応につなげることができます。定量的・定性的とも言い換えられますが、自身の目標を立てるときや昇給・昇格に関わる査定などのタイミングで、より良い結果が得られる可能性も高くなるため、普段から意識してみましょう。

「比較」を用いた言語化の例

伝わりづらい 「比較なし」の例	伝わりやすい 「比較あり」の例
スーパーに行ったら卵が安かったよ。	スーパーに行ったらちょうどタイムセール中で、250円の卵が3割引きの175円で売られていたから買ってきたよ。
A社の売上が落ちています。	A社で社内不祥事が起きた影響により、同社の売上が直近2カ月で2000万円ほど落ちています。これは同じ○○を扱う我が社にとってチャンスであり、新たに広告を打ち出してアピールしましょう。
太陽光を浴びたほうが健康にいいです。	太陽光を浴びないと体内でセロトニンが不足します。セロトニンは精神を安定させる働きを持つので、不足することでストレスを感じやすくなったり、不眠症やうつ病の原因になったりします。そのため、太陽光を浴びたほうが健康にいいです。

ポイント

- 言語化がコミュニケーションを円滑にする。
- 比較することで相手に伝わりやすくなる。
- 相手により理解・反応してもらえる。
- 定量的・定性的な言語化が大切。

言語化は
ストレス対策になる

　社内や家庭の人間関係に悩んでいる、要領よく仕事ができずにイライラするなど、社会人は日々多くのストレスと向き合っています。「塵も積もれば山となる」という言葉があるように、抱えたストレスは次第に仕事や日々の生活にさらなる悪影響をもたらしてしまうものです。しかし、そうしたストレスへの対策としても言語化は使えます。

　とくに注目したいのは「感情のラベリング」というテクニックで、自身が今感じていることを言語化して表現するというものです。感情を表現するだけでストレスを緩和したり、ストレスへの耐性を高めたりする効果が期待できます。

　感情のラベリングは多く検証されており、とくに有名なのがカルフォルニア大学ロサンゼルス校で行われた実験です。この実験では、クモ恐怖症を抱えた複数の被験者に対し、恐怖症の克服に有効な「類似体験治療法」が用いられました。これは恐怖の対象であるクモとの距離を徐々に近づけていくというものです。また、類似体験治療法に加えて被験者たちを以下の3つのグループに分

けて効果を検証しています。

・グループ1：楽観的思考（クモが無害であることを伝える）
・グループ2：経験の回避（クモへの関心をそらす質問をする）
・グループ3：感情のラベリング（感じたことを言語化する）

　結果として、グループ1と2の被験者たちはクモ恐怖症を克服するどころか悪化してしまいました。一方でグループ3では、「クモの体毛が気持ち悪い」「噛みつかれそうで怖い」といった感情を言語化したことで不安が抑えられ、ストレスを軽減させることに成功しています。

　感情のラベリングの原理は、言語化により感情の中枢とされる「扁桃体（脳の部位）」の活性を抑えるというものです。効果的なストレス対策となるため、普段から意識してみましょう。

「怒り」に対する感情のラベリング

感情を選択する	6秒待ってみる
頭に血が上る…！　胃がムカムカする…！	06:00
あらかじめ「怒り」を表す単語をいくつか用意し、イライラしたときに用意した単語の中から選ぶだけでもストレス軽減につながります。	感情が生まれてから理性が介入するまでの時間は「6秒」とされています。つまり、イラっとしてから6秒待てば、我を忘れず理性的に行動できます。

ポイント

• 言語化はストレス対策にも使える。
• 感情のラベリングはストレス緩和・耐性アップに効果あり。
• 不安や恐怖の感情は抑え込まずに吐き出す。
• 日常的に感情のラベリングを行うと良い。

考えを言語化して
人生をもっと豊かに

　キャリアやその先にある老後などに、先行きの見えない不安を抱えている人は多いでしょう。自身が今後どのような経験をし、どのように人生を終えていきたいか。ぼんやりと考えていても、いざ言葉として発するには難しく感じてしまうものです。

　そんなときに有効なのが「ストーリー型」のテンプレートに当てはめて言語化する手法で、その名の通り物語を描くように考えを言語化するものです。まずは自身が経験した挫折や失敗といったマイナスの要素を意識し、そこから特別な人物や出来事との出会いを経て成長を遂げ、ネガティブな出来事などを克服。最終的にハッピーエンドへと話を進めていきます。

　このストーリー型は、言い換えれば「逆転人生」そのものです。マンガの主人公がときには多くの犠牲を払い、ときには信頼できる仲間と出会い、最後には勝利を掴み取る。そうした展開に自身の人生を重ね合わせることで、**相手の心を動かしたり、興味を引いたりすることができます**。人生の目標を設定するときに使えますし、信頼を得たりすることもできるでしょう。

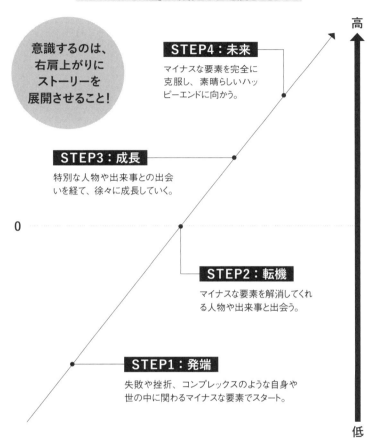

「ストーリー型」は右肩上がりに展開させる

意識するのは、右肩上がりにストーリーを展開させること！

高

STEP4：未来

マイナスな要素を完全に克服し、素晴らしいハッピーエンドに向かう。

STEP3：成長

特別な人物や出来事との出会いを経て、徐々に成長していく。

0

STEP2：転機

マイナスな要素を解消してくれる人物や出来事と出会う。

STEP1：発端

失敗や挫折、コンプレックスのような自身や世の中に関わるマイナスな要素でスタート。

低

ポイント

• 「ストーリー型」のテンプレートで人生を豊かに。

• 相手の心を動かしたり、興味を引いたりするのに有効。

• マイナスから始めて、右肩上がりに話を展開させる。

• ハッピーエンドへの道筋を言語化する。

言語化できる人は
心の器が大きい

　多くのメリットを持つ言語化ですが、仮に自身の考えをうまく言語化できたとしても、それが正しいものだとは限りません。発したメッセージに賞賛する声もあれば、ときには反論されることもあるでしょう。

　自身の考えに否定的な意見が生まれたとき、大切にしたいのは反論を乗り越えていくことです。せっかくのメッセージも、反論されて心が折れたりイライラしたりしては意味がありません。もしあなたが反論を受けて心が折れそうになったら、この考えは自身にとって切実なものではなかったと切り替えるマインドを持ちましょう。そこから考えは磨かれていき、やがてはあなたの言葉に深みが増していきます。すなわち、反論はより良い言語化に向けた絶好の好機と捉えることができるのです。また、ポジティブなマインドを持つと同時に、常日頃からアンテナを張り、メッセージの素となる情報を積極的に収集することを心がけましょう。

　中国古典に「稟（ひん）」という概念があります。これは天から降ってくる情報を受け止めるためにある心の中の器を指してお

り、禀が小さければ受け取れる情報量は少なく、反対に禀が大きければより多くの情報を受け取れるというものです。かといって、どのような情報でも鵜呑みにしていいわけではありません。世にあふれる多くの情報を精査し、自身にとって大切なものを受け止めることが重要です。いわば、禀は現代における情報リテラシーに近しい考え方だともいえます。

　この禀を大きくするにはどうすれば良いか。その答えは、学問に励むということです。中国古典では、学問とは禀を大きくするためにあるものであり、学ぶことで大切な情報を多く受け止められるようにしようという考え方があります。そして現代に生きる私たちができる学びとは、大切な情報を受け取れるようにアンテナを張り、発信した情報に反論を受けて磨きをかけて、より深いメッセージを生み出していくという工程にあるといえるかもしれません。

　商品の企画を考えるときやその先のプレゼンを行うときなどは、膨大な情報やデータの中から大事なものを選別する必要があります。その際に禀を意識することで、武器となる情報を得ると同時に、相手の心を強く打つような深い思考をうまく言語化できるはずです。

ポイント

- 反論されても乗り越えていくことが大切。
- 反論が自身の考えに磨きをかけ、より深い言葉を生み出す。
- 禀（＝心の器）を意識して情報を収集する。
- 情報を収集するためのアンテナの張り方を考える。

言語化するために 必要な2つのスキル

　うまく言語化ができない人の特徴として挙げられるのが、頭の中では言いたいことが整理できていても、それが十分ではないということです。そして相手の理解力に依存して、言葉の組み立てもできていないまま唐突に話し始めてしまい、結果として伝わらないというオチに続いてしまいます。

　本書の18〜19ページでも触れたように、会話ではまず話の前提を伝えることが大切です。つまり、相手に対してどのような用件を伝えたいのか、何について確認をしたいのかということを最初に説明する必要があります。

　ここでポイントとなるのが**「自分の頭の中にある考えを明確にする技」**と**「考えを伝える技」**で、以下の「5W1H」を使うというテクニックが有効です。

・When：いつ
・Where：どこで
・Who：だれが
・What：何を

・Why：なぜ

・How：どのように

　この5W1Hを押さえてコミュニケーションを行うだけで、用件を過不足なく相手に伝えることができます。また、実際に使うときも「When（いつ）」で始めて「How（どのように）」で必ず終わらなければならないというルールはありません。人物が重要になる話であれば「Who（だれが）」から、場所が重要な話であれば「Where（どこで）」からという形で、状況によって工夫することもできます。第一に考えるべきは、どのようにすれば伝わりやすい順番になるかという点です。相手の立場に立つことも忘れずに、会話の要素を組み立てていきましょう。

5W1Hを意識して伝える

シチュエーション	新規事業として飲食店経営を打ち出したい

When	近年、
Where	日本の首都圏を中心に
Who	若者の間では
What	タイムパフォーマンスが
Why	非常に重視されているため
How	さくっと飲める「立ち飲み居酒屋」を出店しましょう

ポイント

• 会話では話の前提を説明する必要がある。

• 自分の頭の中にある考えを明確にする技・考えを伝える技が重要。

• 5W1Hを押さえたコミュニケーションが有効。

• 会話の要素を5W1Hに当てはめて言語化すると伝わりやすい。

自分らしく
心を良い状態に保つ

　多くの人は物事を「善か悪」「白か黒」とつい極端に捉えがちです。自身の考えを意見として発しても、相手に何も伝わっていないと見るや、自分を全否定されたと極大解釈して落ち込んでしまうこともあるでしょう。しかし、相手の反応を見て一喜一憂ばかりしていては、今よりさらに言語化ができなくなるという沼にはまってしまいかねません。

　22〜23ページでも触れたように、相手の立場に立って考えることは大切ですが、限度はあります。そこでポイントとなるのが**「中庸（ちゅうよう）」を意識すること**です。

　中庸とは、中国の儒教にある言葉で「偏りがなく、過不足なく調和が取れていること」を意味します。簡単に言い換えれば「常に真ん中の状態であり続けなさい」という考え方であり、人との関わりにおいてなんでもすべて賛成するのではなく、反対にすべてを否定するわけでもなく、自分らしく心を良い状態に保って相手と向き合いなさいと説いているものです。

　この人ならきっとわかってくれる、この人ならきっと賛同してくれると淡い期待は持たないように心がけましょう。周囲の人々は自分とは異なる価値観を持っており、置かれている状況もさまざまで、なんでも言うことを聞いてくれるロボットではありません。他人の言葉に流されず、肩の力を抜くこと。この中庸こそが言語化するうえでの基本姿勢となります。

物事を「中庸」で捉える

 次回の会議でプレゼンする企画（A）の資料を作成しました

う〜ん、これよりこうしたほう（B）がいいんじゃない？

中庸とはいえない考え方	中庸の考え方

 （ここは言う通りにしておけば角が立たないな…）

 （なるほど、この手もあったか…）

 わかりました！Bのアイディアで進めます

 わかりました！AとBの良いポイントを押さえてまた練り直します

ポイント

- 相手の反応を過度に意識しない。
- 相手の立場に立つ＝相手をすべて肯定することではない。
- 自分らしく「中庸」であることを意識する。
- 中庸こそが言語化するうえでの基本姿勢。

言語化力を高めるには
時間がかかる

　言語化力は学べば高められる能力ですが、言葉を組み立てる習慣がない日本人にとっては、身につけるまでに相応の時間がかかります。一方で、その習慣がなかったのであれば、今から言語化力のアップに向けた取り組みを習慣化すればいいのです。

　たとえば、思考や得た情報を思いつくままにまとめ、それらを整理するという流れを継続していくことが1つの方法として挙げられます。また、本を読んだり、映画や芝居、音楽に触れたりと何かアクションを起こして思考や情報のインプットを怠らないことも大切です。

　とくに読書であれば、古典を読むことをおすすめします。言語化がうまくできないという悩みは、現代人だけのものではありません。古くから多くの人々が考え続けてきた悠久のテーマであり、そこから多くの言葉や思想が生まれていきました。近年、孔子の『論語』や『孫子の兵法書』などの内容をビジネスに活かそうという書籍が数多く出版されていますが、これは古典に書かれる先人の知恵が、現代人が抱える悩みの解決に向けたヒントになるこ

とが往々にしてあるからです。

　言語化力は、積極的に外部からの情報を取り入れ、自身の中に溜めこんでこそ、はじめて基礎が完成するものであり、その土台があるからこそ、発せられる言葉に深みが増していきます。とはいえ「忙しいから」とインプットを後回しにしていては、いつまでも能力が実りません。その忙しさはどこから来るのか分析してみましょう。ある世論調査では、本を読まなくなった原因に「スマートフォンやゲームなどに多くの時間を費やしている」と答えた人が73％もいました。あなたもそのような生活になっていないでしょうか。

　ただし、それは「時間がない」のではなく単に「時間をつくっていない」だけです。読書一つをとっても、習慣化する方法は多くあります。たとえば、トイレやお風呂のような生活空間にタブレットを置き、いつでも電子書籍を読めるようにしておく、家事の合間は音声読み上げアプリを使って聴くなど、現代のテクノロジーもうまく駆使しながら、目や耳から情報をインプットするための時間をつくる工夫をしましょう。そのとき、あなたが仮に集中できていなかったとしても、本当に必要としている情報や言葉は、自然と蓄積されていくはずです。

ポイント

- 言語化力の向上に向けた練習を習慣化する。
- 本や映画、音楽などに触れて情報をインプットする。
- 時間がないのではなく、時間をつくらないだけ。
- テクノロジーも駆使して、時間をつくる工夫をしよう。

第 **2** 章

モヤモヤを
言葉にする
思考の整理術

言語化ができない理由として「そもそも言葉が出てこない」、「言いたいことがまとまらない」といった問題があります。そうした言葉のモヤモヤは思考の整理が必要不可欠です。どのように思考を具体化し、情報を整理するのか本章で学びましょう。

言語化できないのは、思考が整理されていないから

　同僚や部下から何か意見やアドバイスを求められたとき、友人や家族との他愛もない会話の中で、振られた話題にどのように返せばよいか悩んだことはないでしょうか。頭の中にぼんやりと浮かぶ考えはあるものの「おもしろい」「素晴らしい」「不安だ」「つまらない」といった感情的な意見・感想で、会話が途切れたという経験に身に覚えがある人は多いでしょう。このような頭の中の思考をうまく言語化できない人には、主に2つのタイプが当てはまります。

　1つめは思考がモヤモヤするタイプです。このタイプは頭の中に意見や感想が浮かんでいても、他のさまざまな考え方や視点が絡み合ってうまく言語化できません。自身の発言によって相手が不機嫌になるのではないか、この話題を振れば相手に喜んでもらえるのではないかと、あれやこれやと考えてしまうことで、思考が知恵の輪のように結びつき、結局何を話せばよいかわからなくなってしまうのです。

　一方、2つめは意見がぱっと出ない・何も思いつかないタイプ

です。このタイプは自身の思考が浅い（深められていない）／狭い（幅を広げられていない）ため、たとえ言語化したとしても簡素で深みのない言葉となってしまいます。

　これら2つのタイプに共通する問題点は、思考が明確になっていないことです。そもそも、言語化がうまい人というのは、頭の中の考えがしっかりと整理されており、明確になっています。そして考えが明確だからこそ、意見や感想などを求められてもすぐに言語化できますし、相手が心から望んでいる効果的な回答につなげられるのです。

　漠然と考えるだけの状態では、いざプレゼンや交渉の場のような本番を迎えても、うまく言語化できなくて当然でしょう。そうした状況から一歩を踏み出し、考えを明確にしていくには、**浮かんだ考えの中から自身が本当に伝えたいと思えることを取り出す作業が必要**になります。

　そして、自身が必要とする思考を選別するためには、思考を頭の中で整理するという作業が欠かせません。この2章では、普段から意識できるような思考を整理する術についてご紹介していきます。

ポイント

- 感情的な反応が多くなっていないか。
- 頭の中の考えをしっかりと整理する。
- 頭の中を整理すると思考が明確になる。
- 明確な思考は相手へ効果的に伝わる。

伝え方よりも「何を」伝えるか

　世に出ている言語化にまつわる書籍には「伝え方」について解説したものが多くあります。しかし、伝え方はあくまで言語化の仕上げの作業です。基礎ができていないにもかかわらず、仕上げから始めていては、うまく応用できなくても当然でしょう。

　そのため「どう伝えるか」を第一に考えるよりも「何を伝えるか」を考えることが先決です。ただし、単純に語彙力を鍛えればよいわけではありません。語彙を組み立てて、具体化していく作業こそが大切なのです。

　ここでの**具体化とは、言葉の解像度を上げる**ということ。たとえば、画素数の低いカメラで撮った写真は、ノイズがひどく鮮明ではありません。言語化にしても同様で、言葉の解像度が低いと話がぼんやりとしており何を伝えたいかわからなかったり、抽象的すぎて自身と相手が浮かべているイメージにギャップが生まれたりします。言語化の定義は、自身の考えが相手にしっかりと伝わることであり、言い換えれば言葉の解像度を上げる作業こそが言語化における最も重要な行程だといえるのです。

　その中で、誰しもが持つ言葉の解像度を上げられる話題があります。それは趣味や好きなものについての話題です。興味があることを話しやすく感じるのは、日頃から情報を頭の中にインプットしているからだといえます。

　たとえば、あなたが野球を好きだったとしましょう。ほどほどに好きな人であれば「昨日の試合、熱かったよね」といった漠然とした感想で終わります。一方、趣味にしている人は「先制点は２塁ランナーの積極的な走塁意識によるものだ」「キャッチャーが打者に的を絞らせないリードをしたことで抑えられた」という形で、細部の分析まで行うでしょう。

　裏を返せば、普段から無意識に行っていた「細かい情報を具体的に洗い出す」作業を、これまで興味がなかったジャンル・テーマでも意識的に行えば、言語化能力のアップにつながるともいえます。

　そして、洗い出す作業を行う際のポイントは、具体的な情報を３つ挙げるということです。この３つの情報を、伝え方のテクニックによりうまく組み立てていけば、あなたの考えは相手へ最大限に伝わるでしょう。

ポイント

- 「何を伝えるか」がはじめの一歩となる。
- 具体化とは、言葉の解像度を上げること。
- 趣味の話がスラスラと出るのは細部まで分析しているから。
- ３つの具体的な情報と伝え方のテクニックを組み合わせる。

抽象的な言葉は
使わないようにする

　言葉というものは、そもそも自己解釈の上に成り立っているものです。たとえば、若者の間でよく使われる「行けたら行く」という表現がありますが、受け手によっては、絶対に来ないと思うかもしれませんし、一方で来るかもしれないと解釈できます。

　言葉はその時々のシチュエーションによって変化していくものですが、その中でも日本語は「察する」ことをベースとして使われている言語です。しかし、多様化が進んで外国人とも接点を持つことが多くなった現代社会で、その感覚は通用しません。抽象的な表現で相手に誤解を生まないように、はっきりと伝えることこそが重要です。

　抽象的な表現を避けるために、数字や固有名詞を使うという方法があります。物事を具体化する作業とは、思考を小さなグループへ落とし込んでいく作業です。そして落とし込んでいった結果が数字や固有名詞であるため、数字や固有名詞こそが具体性の究極体といえます。

　たとえば、企画書の作成に統計的なデータが必要になったとき「街を行く若者に調査をしました」と報告するだけでは、若者は10代が中心なのか、30代も含まれているのか、何人に聞いたのかもわからないでしょう。一方で「街を行く20代後半の若者50名に調査しました」と数字を交えることで、年齢や全体数が明確となり、相手も評価につなげやすくなるのです。

　ただし、具体的な数字や固有名詞を使わないほうが有効なケースもあります。それは、相手が固有名詞についてよく知らない場合で、あえて抽象度を高めたほうが相手にしっかりと伝わる可能性があります。考えるべきは相手の立場に立つことであり、一番伝わりやすい方法で言語化することが大切なのです。

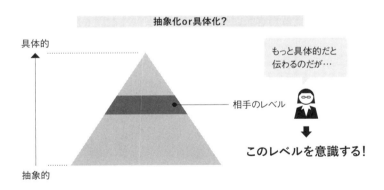

抽象化or具体化？

具体的

もっと具体的だと
伝わるのだが…

相手のレベル

このレベルを意識する！

抽象的

ポイント

- 抽象的な言葉は相手の誤解を生む。
- 数字や固有名詞を用いて具体化する。
- あえて抽象化したほうが伝わりやすいケースもある。
- 具体化・抽象化のバランスを考えよう。

言葉が見つからなければ 「なぜ?」を繰り返す

　あなたは映画を観たり、音楽を聴いたりした際に「ヤバい」という表現を多用していないでしょうか。日本人が使う抽象的な表現には、この「ヤバい」や「キモい」が代表的なものとしてよくあげられます。しかし、これらの表現はいわゆる形容詞であり、本来であれば名詞をよりわかりやすくするために用いるものです。楽に思える形容詞に逃げず、それが「なぜヤバいのか」「どうヤバいのか」を考えると、物事の本質が見えます。

　44〜45ページの趣味の話に関しても同様で、この行動の裏には「なぜ?」という探求心が介在しているのです。たとえば、あなたが友人とサスペンス映画を観に行ったとします。その後、友人から作品に対して「どうだった?」と質問を投げかけられました。ここで言語化がうまくできない人は「面白い」「素晴らしい」という感情的な意見・感想で終わってしまいます。

　このようなざっくりとした意見・感想を具体化し、解像度を上げるためには「なぜ?」を意識するのが有効です。「なぜ、この作品は面白いと思ったのか」「なぜ、この作品は感動できるのか」

と自問自答を繰り返し、理由を追求することで思考が整理され、相手に伝わる言葉へとつながります。

　そして「なぜ？（＝どうして）」を意識するうえで有効なのが、五感を使って表現する／周囲の人々の様子をもとに表現する／自身の過去や思い出と比較して表現するという３つの方法です。意見や感想を形容詞で片づけないためにもこれらを意識し、言語化していきましょう。

形容詞を避けて言語化する

| シチュエーション | 友人とサスペンス映画を観たあとに感想を求められた。 |

1. 五感を使って言語化

例
・鳥肌が立つほどドキドキした
・緊張で口の中が乾いた

2. 周囲の人々の様子で言語化

例
・隣にいた友人はずっと手で目を覆っていた
・後ろの席の人は退屈だったのか寝ていた

3. 自身の過去や思い出と比較して言語化

例
・これまで観た映画の中でも、
　ベスト3に入る傑作だ

ポイント

- 「ヤバい」といった形容詞に逃げない。
- 「なぜ？」という自問自答を意識的に行う。
- 自問自答により、思考が整理されていく。
- 結果的に言葉の解像度が上がる。

「たとえば？」で
類似点を探る

　「なぜ？」という自問自答を意識的に行うことは、自らの思考を深める手段として最も使われる手法です。しかし「なぜ？」の段階では、まだ深く掘れる余地が生まれたり、疑問のままで完結してしまったりする可能性があります。

　そこで使えるのが「たとえば？」という視点です。「たとえば」は具体化力を伸ばし、話を圧倒的にわかりやすくしてくれます。実際にあなたの周囲にも会話に「たとえば」を使う人がいたら、注意深く聞いてみてください。きっとその人の話はわかりやすく感じることでしょう。また「たとえば」は主に4つの意味（使い方）に分かれ、その汎用性に利点があります。それぞれの特性を理解して用いれば、より深く思考を整理できるでしょう。

　「たとえば」の応用には、比較する対象を見つけて類似点・相違点を洗い出す手法が使えます。商品を宣伝するポスターを作成する際などに、競合他社と自社のデザインやキャッチコピーを比較することで、自分には気づけない問題点や魅力を浮き彫りにすることができるでしょう。

「たとえば?」は汎用性が高い

意味①	
前に述べた事柄に対して具体的な例をあげて説明するときに用いる語。	
例 私はスポーツが好きです。たとえばサッカーや野球をよく見ます。	ポイント ・思考を小さなグループへ落とし込んでいくもの ・「スポーツが好き」だけではぼんやり ・具体例を挙げることでピントが合う
意味②	
多く「ようだ」「ごとし」を伴って、ある事柄を他の事にたとえるときに用いる語。あたかも。	
例 私の母はいつも般若のような顔で怒る。	ポイント ・感情や行動などに共通点がある場合に使える ・「A」を「A´」に置き換える手法 ・イメージを横に広げられるのがメリット
意味③	
ある場合を仮定するときに用いる語。もしも。仮に。	
例 たとえば、私が子を持つ親なら褒めて伸ばしたい。	ポイント ・「if」に近い使い方 ・自身と相手で見た目や状況が異なる場合でも可 ・話を大胆に展開させ、面白さが引き立つことも
意味④	
てっとり早く言うと。端的に言えば。	
例 たとえば、祝い事に欠かせないのは寿司です。	ポイント ・「〜といえば」を表す表現 ・①と同様に小さなグループへ落とし込むもの ・①との違いは、答えを1つに集約していく点

出典：goo辞書

ポイント

- 「たとえば?」は具体化力を伸ばす。
- 具体例があるだけで、話が圧倒的にわかりやすくなる。
- 「たとえば」の4つの意味を理解する。
- 場面や状況に応じて「たとえば」を使い分けよう。

多角的な視点で物事を捉える

メリット・デメリットは
何かを考える

　「なぜ？」「たとえば？」で自問自答を行う際、類似点や相違点を考える他にも、メリット・デメリットを挙げていく手法が使えます。

　とくに物事についての賛成か反対かを問われた際に有効で、たとえば部署の異動を勧められたとき、以下のようにして自身の意見を洗い出すことができます。

・感情的な表現：反対
・なぜ？　　　：今の部署は居心地がいいから
・たとえば？　：
　メリット　→今の部署で信頼できる人間関係が築けている
　デメリット→会社の内外で築いた人脈が失われてしまう

　仮にあなたが異動は反対だと考えていて、その理由が「嫌だから」だけでは、まわりから「ワガママな人」というイメージをもたれてしまうでしょう。一方で、メリット・デメリットを踏まえて考えれば「多角的に物事を考えている人」と周囲からの評価につながる可能性もあります。さらに、**メリット・デメリットが自**

分視点か、会社視点かなど、何を中心に据えるかによって、思考をより広く持つことができるのも利点の1つです。

　メリット・デメリットは「良い・悪い」「長所・短所」とも言い換えられる汎用性の高さがあります。そのため、質問の内容や置かれている状況などを踏まえて使い分けましょう。

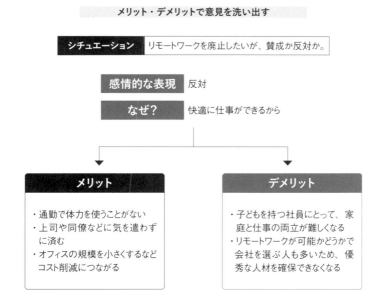

メリット・デメリットで意見を洗い出す

| シチュエーション | リモートワークを廃止したいが、賛成か反対か。 |

| 感情的な表現 | 反対 |
| なぜ？ | 快適に仕事ができるから |

メリット
・通勤で体力を使うことがない
・上司や同僚などに気を遣わずに済む
・オフィスの規模を小さくするなどコスト削減につながる

デメリット
・子どもを持つ社員にとって、家庭と仕事の両立が難しくなる
・リモートワークが可能かどうかで会社を選ぶ人も多いため、優秀な人材を確保できなくなる

ポイント

- メリット・デメリットで意見を洗い出す。
- 多角的に物事を考えられるようになる。
- 周囲からの評価も高くなる。
- 「良い・悪い」などの言い換えで用途が広がる。

ターゲットを
イメージする

　思考を整理するとき、伝える相手は誰かというターゲットをイメージすることも大切です。

　たとえば、あなたが飲料メーカーの商品開発部門に所属していたとします。そして商品の企画を行うにも、当てずっぽうに考えてしまっては良い商品は生まれないでしょう。そこで使えるのが「たとえば誰におすすめなのか」というターゲットを設定する方法です。

・感情的な表現　　　　　：スポーツドリンクを勧めたい

・なぜ？　　　　　　　　：疲労の予防にぴったりだから

・たとえば誰におすすめ？：運動部に所属している学生

　　　　　　　　　　　　　肉体労働が多い職種

　　　　　　　　　　　　　炎天下で仕事を行う人

　上記のように「誰におすすめか？」を深く掘り下げてターゲットを明確にしていけば、その後の価格設定やデザイン、販促方法などを詰めやすくなります。

　さらに、**より深くターゲティングしたいのであれば、伝えたい**

誰かを1人だけ決める手法が有効です。相手の名前や性別、年齢、家族構成、職種、居住地、年収、趣味、関心のある出来事、抱えている悩みや不安などを事細かに自由に設定し、架空の人物をつくり上げてみましょう。ビジネスの場では「ペルソナ設定」ともいわれる手法ですが、これにより魅力が上がるだけでなく、企画などのオリジナリティを生み出すことにもつながるのです。

ペルソナ設定でより深く

名前は?	➡	佐藤太郎
性別は?	➡	男性
年齢は?	➡	30歳
家族構成は?	➡	自分・妻・子ども1人の3人家族
職業は?	➡	工事現場の作業員
居住地は?	➡	東京都
年収は?	➡	400万円
趣味は?	➡	子どもとスポーツ観戦
悩み・不安は?	➡	年々ひどくなっている猛暑

⬇

架空の佐藤太郎さん

・スポーティーなデザイン
・熱中症予防の成分が含まれる
・さっぱりとして子どもも飲みやすい　など…

青色を基調とした爽やかなデザインで、クエン酸が多く含まれたスポーツドリンク

ポイント

- ターゲットをイメージして思考を整理する。
- 価格設定・商品デザイン・販促方法などを詰めやすくなる。
- より深く掘り下げたいなら「ペルソナ設定」が有効。
- より魅力的でオリジナリティの高いアイディアが生まれる。

反対意見を活用して
思考を明確にする

　思考を整理していく中で忘れてはならないのが「反論を得る」というステップです。くさいものには蓋をするように、自分の意見を阻害する要因に対して目を背けたくなるのは、人として自然な反応でしょう。しかし、都合の悪い意見などを曖昧にしていては、人が納得するようなアウトプットはできません。つまり、**反論は思考の精度を上げてくれる貴重な意見**なのです。

　「忠言は耳に逆らえども行いに利あり」という故事成語があります。これは、真心のある言葉はうるさく感じるが、いざ実行してみると利益が出るものだという意味です。上司や同僚、家族など、あなたの人となりや事情を知ったうえで反論をしてくれる人の言葉は大切であり、ときにその言葉は自身の考えを明確にしてくれるのだと理解しましょう。

　とはいえ、すぐになんでも素直に聞き入れられるほど、人の心は丈夫ではありません。まずは反論に慣れるのが重要です。そのため、家族や同僚など親しい人々に自身の考えを伝えて率直な意見をもらってみたり、都合のいいことばかりでなく、あえて反論

してもらったりしましょう。それらの反対意見を乗り越えてこそ、自身の思考には説得力がついていきます。

　また、物事について考えるときの基本型に、ドイツの哲学者であるヘーゲルが提唱した「弁証法」があります。実践方法としては、まずは頭の中に三角形を描き、左下に自身が正しいと思う意見、右下のその反対意見を当てはめ、一番上の頂点に高次元の意見をつくるというものです。高次元の意見とは、簡単にいえば自身の意見と反対意見を吸い上げた「折衷案」であり、自身も相手も納得できる意見へと集約させることができます。

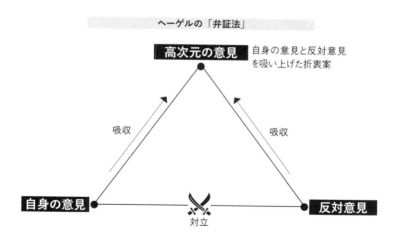

ヘーゲルの「弁証法」

高次元の意見 自身の意見と反対意見
を吸い上げた折衷案

吸収　　　　　　吸収

自身の意見　　　　　　　　　　　**反対意見**

対立

ポイント

- 思考を明確にしていくために反論を得る。
- 反論を乗り越えると思考に説得力がつく。
- 家族や同僚など親しい人からの反論で慣れる。
- 弁証法で高次元の意見を生み出す。

2つの軸を考えて 伝えたいことを明確にする

思考を整理する方法の1つに2軸思考とよばれるものがあります。これは**異なる要素の2つの軸を立て、それらが交差する接点を探っていき、自身が伝えたいことや書きたいことを明確にすることができるもの**です。

サプリメントを売りたいという営業パーソンを例に挙げてみましょう。まずは「少し値が張る」「錠剤タイプ」といった商品の内容に関する軸を立てます。次に「低価格」「手軽に服用できる」というお客様にとってのメリットに関する軸を立てていきますが、このとき「錠剤タイプ」と「手軽に服用できる」という関連性の高い2つの要素が浮き彫りになるのです。そのため、錠剤タイプで持ち運びが便利という売り出し方が最適だという答えに行きつきます。

とはいえ、この2軸思考はすぐにできるようなものではなく、日常的なトレーニングが重要です。最初は仕事に関連する事柄でなくても構いません。「好きな歴史上の偉人」と「好きな時代」という2軸を立てて読みたい歴史小説を決める、「行ってみたい

国・地域」と「休暇に行いたいこと」という2軸を立てて旅行の計画を立てるというように、興味のあることや身近なことから考えてみましょう。すべて頭の中で考えようとすると難しいため、まずは紙に書き出してみると簡単です。そこから徐々に慣れていけば、瞬間的に自身の思考を整理できるようになります。

商品の売り出し方を2軸思考で考える

商品の内容

国産

国産なので高品質

最適な売り出し方
がわかる

ブランド志向

高価格

低価格　庶民的　　　　　高品質

お客様のメリット

ポイント

- 2軸思考で思考を整理する。
- 営業方針を決める際などにも活用できる。
- 2軸思考は日常的なトレーニングが重要。
- まずは紙に書きだすことから始めよう。

キーワードとなる
情報を集める

　思考を明確にする秘訣は「キーワード」に詳しくなることです。何を伝えたいのか、しっかりと頭の中で把握するためには、58～59ページで紹介したような、考えを2軸に当てはめて明確にする作業と、そのための情報（キーワード）を集めるという流れを繰り返す必要があります。

　キーワードは抽象的な内容でも構いません。インターネットや本などを使い、関連する情報を調べて詳しくなる作業こそが肝心なのです。**キーワードを調べることで思考が深まり、本当に伝えたいことが明確になる**ため、自身にとって必要な工具書やWEBサイトを用意しておきましょう。

　とっておきの情報源は「工具書」です。といっても、レンチやスパナなどについて書いてある本ではありません。工具書とは辞典や目録、地図に代表されるものです。調査や研究を進める、専門知識を向上させることを目的とした本で、自身がこれまで知りもしなかった単語や事柄が多数含まれています。

　もちろん、根を詰めて読む必要はありません。まずは自身の仕事と関連性がありそうな工具書を１冊購入し、パラパラと眺めるだけでも大丈夫です。あくまで重要なのは調べるという行為であり、語彙力の向上と思考の明確化につながるでしょう。

　一方で、インターネットの情報を調べるときは注意が必要です。とくにWikipediaは多くの事柄について情報を得られる反面、専門家以外の一般人でも書き込めるという性質があるため、中にはエビデンスのない情報が紛れている可能性があります。

　インターネットで情報を調べるときは「JapanKnowledge（ジャパンナレッジ）」がおすすめです。有料ではありますが、複数の工具書の情報が網羅されているため、非常に便利なサイトとなっています。ちょっとした時間に眺めるだけでもいいですし、企画書を作成する際などの調査や研究のためにも十分に使えますので、まずは調べてみましょう。

　そして、工具書やWEBサイトを通じて、自身の語彙力や専門的な知識を高めてください。豊富なキーワードを持っていることが、仕事やプライベートにおける自身の目標を達成する鍵になるはずです。

ポイント
- キーワードに詳しくなれば、思考が明確になる。
- 工具書により、自身の語彙力や知識量を向上させる。
- インターネットならJapanKnowledgeがオススメ。
- 豊富なキーワードが目標達成の鍵となる。

第 3 章

言葉にする
力がつく
語彙力の高め方

言語化する力を身につけるには、言葉そのものを知る必要があります。言語化する力がない人は、日常的に使う語彙が少なかったり、知っている言葉が少なかったりする場合がほとんどです。どのように語彙力を高めることができるのか、本章で解説します。

語彙力がないと「自分」を伝えることができない

　博識で頭脳明晰な人でも、自分の真意を相手に伝えるためには語彙力が必要です。語彙力がなければ、蓄えた知識もひらめいたアイディアも仕事に活かすことができず、周囲の評価を得ることはできません。語彙力がないことで、低く評価されたり、意欲や人間性を誤解されたりすることもあるのです。

　幅広い知識を身につけることは、インプットの能力を高めます。さらなる知識欲も生まれ、チャレンジする意欲もわくでしょう。また、専門的な知識は深い洞察力を育て、改善や創造につながるアイディアを生む機会を増やします。知識の多さは間違いなく成長と可能性の証です。

　しかし磨き上げたあなたの考えを、インプット時の知識の羅列だけで表現してしまっては、逆に浅い知識をひけらかしている人と見られかねません。内面の質は評価されず、表面の印象だけで判断されてしまうのです。同様に、どんなに斬新なアイディアがひらめいても、ありきたりで稚拙な言葉でしか説明できなければ、誰も興味を持ってはくれません。

　交渉の場でも、相手を思っての熱意を伝えたくても、気持ちの

こもらない冷めた言葉しか出てこなければ、事態は何も進展しません。これは対話の場面だけではありません。日々のメールや商用SNSでのやり取り、文書を介した提案においても同じです。

**　頭の中の考えや心の中の熱意を正しく言葉にし、相手に伝わる表現にするには、アウトプットの能力としての語彙力を高める必要があるのです。**

　語彙そのものを「覚え間違え」「言い間違え」といった誤用をしては論外なので、語彙力を高めるためには知識も必要です。その上で、言葉の羅列ではなく思考や内心の表現を可能にするためには、語彙力を高めるための教養が必要です。

　「正解」や「答え」がある知識とは異なり、教養は知識や経験といったインプットを深く受け止め、世界や他者を理解し、自分とのかかわりを見つめ直し、深く考えることで得られるものです。教養に根ざした語彙を選び、使えるようになることで、相手に自分の考えや気持ちを正確に伝えることが可能になります。

　豊富な知識が教養に根ざした語彙力を伴う提案となれば、あなたは細部に配慮した思慮深い人と評価を得られます。斬新なアイディアが、教養を伴い魅力的でわかりやすい説明を伴えば、多くの人から理解され、賛同を得られるのです。

ポイント
- 知識だけでは自分を相手に正しく伝えることができない。
- 語彙力がないと誤解され、低く評価されることもある。
- 相手に伝えるアウトプットには、教養に根ざした語彙力が必要。
- 語彙力を高めることで正しい評価や理解を得られるようになる。

本質を短く明確にわかりやすく伝える

語彙力がない人ほど話が長い

　ビジネスの場において「理解力」は欠かせません。これは、「理解する」と「理解してもらう」がセットになった能力です。

　「理解する」ためには、相手の言葉を理解すること、自分の役目を理解すること、組織の方針を理解するなど、他者のアウトプットを正しく受け止める能力が必要です。「理解してもらう」ためにも自分を相手に正しく伝える能力が必要です。つまり、双方向のコミュニケーションを成立させる理解力を磨くには、語彙力を高める必要があります。

　最初から自分の語彙力がどの程度かを見極めるのは難しいものです。相互のコミュニケーションに欠かせない理解力は語彙力に根ざしているので、他者の「理解してもらう」ための語彙力を観察することで、自分に置きかえた場合の参考点や反省点が見つかります。

　注目したいのは、話の長さです。長い挨拶、長い説明、長い感想を聞き終わった後に、何も記憶に残っていないことがあります。それは、あなたに「理解する」ための能力が足りなかったというよりも、相手が「理解してもらう」ための配慮を欠いていたこと

に原因があったのかもしれません。

　同じ意味合いの言葉をくり返す。無味乾燥な言葉ばかりで内容がない。つまり、「長い」と感じる話には、語彙が乏しいという特徴があります。**理解力を伴わない長い話をする人には、語彙力が伴っていないことが多い**のです。

　自分に置きかえて、どんな時に話が長くなるかを考えてみましょう。会議で突然意見を求められたとします。議題も内容も把握はしていても、とくに明確な意見がない場合、とにかく頭の中の知識を絞り出すことに専念しがちです。しかしインプットしただけの知識は、アウトプットしても同質で同量のままです。あなたを介した意見になることもなく、ただ要素が並び、その説明時間はどんどん延びていきます。

　そうした「長い話」を聞き終わっても、誰にも何も記憶されることはないでしょう。「理解してもらう」ための理解力が伴わない、語彙力の低い発言だったからです。

　記憶に残らない発言を長く続けても、評価を得られない上に評価を下げることにも成り得ます。話は短いほどいいのです。さらに教養に根ざした独自の意見であれば、誰もが記憶に刻み、次の機会にも意見を求めることでしょう。高い語彙力は、短く、明確に、「理解してもらう」ための言葉を伝えることを可能にします。

ポイント

- 相互理解は「理解する」と「理解してもらう」がセットで成り立つ。
- 「長い」と感じる話には、語彙が乏しいという特徴がある。
- インプットしただけの知識は、同じ質のアウトプットしかできない。
- 評価を得られる記憶に残る話をするには語彙力を高める必要がある。

語彙の取得数は
25歳頃から減ってゆく

　知識をため込むだけでなくアウトプットするための語彙力の必要性と、相手に「理解してもらう」ために必要な語彙力について見て来ました。つまり、語彙力とは、相手を説き伏せたり「論破」したりを目的とするものではなく、他者とのコミュニケーションを円滑にしたり、仕事を正しくスムーズに進行させたり、人と人との協働や共創に欠かせないものなのです。

　逆に語彙力が「ない」と、周囲からの評価を得られないばかりか、期待されない、または関係性の深まりと反比例して信頼を失うことにも成りかねません。語彙力を高めることは、社会人として認められ、成長し、自己実現を成し遂げる上で必要な能力なのです。

　語彙力を高めるには、その資源である言葉＝語彙の獲得が必要です。英語や日本語、どの言語であっても、人間は小さい頃から自然に語彙を獲得します。しかし、その獲得数は10歳の頃には年間数百語であるのに対し、25歳頃を境に急速に減少してしまうのです。「大人」は平均して年に50語程度となってしまいます。

　子どもの頃は、成長するため、生きて行くために基本的な言葉をたくさん獲得することが急務です。大人は、それぞれの役割や

目的に応じて必要な言葉の獲得へと変化します。**この時、専門性や趣味にかかわる語彙を獲得できれば、仕事や人生、他者とのコミュニケーションは豊かなものになって行くでしょう。**

　しかし、大切な50の語彙が、すぐに価値を失う流行りの言葉ばかりなら、5年10年後には「語彙力のない大人」になってしまいます。また、耳学問で「漢字の読み方を間違える」「意味を間違って使う」ことにつながる言葉の覚え方をした場合も「語彙力のない人」という評価しか得られません。

　質の高い語彙の獲得が、語彙力を高めます。まず、言葉を正確に覚えること。漢字の読み方、言葉の使い方などは、小学校で学んだ時と同じです。新しく知る言葉は、常に調べて、確かめましょう。仕事上の専門用語は知識として正しく覚える機会がありますが、ビジネス用語の外来語やアルファベットの略語は、なんとなく使っていることも多いものです。DX、SDGs、サスティナビリティ……。自分は正しく使えているのかを今からでも調べて確認してください。

　次にその言葉を「自分の言葉」として使ってみます。そのためには、深い理解と時間をかけた考察が必要です。関連する本を読み、自分で文章に整理することで、正しく語彙を獲得できます。

ポイント

- 大人が1年間に獲得できる語彙は50語程度。
- 語彙力を高めるためには、質の高い語彙の獲得が必要。言葉を正しく覚え、正確に使えるようにする。
- 語彙を調べて確認し、理解した上で、自分の言葉として使う。

語彙力が高ければ
人を動かすことができる

　次のような場合は、他者から語彙力が「ない」と思われてしまいます。①言葉の読み方や意味を間違えて覚え、使ってしまう。②言葉の理解が浅く、自分の意志を伝えるほどに磨かれていない。これらは語彙として獲得すらできていない状態なのです。そしてもう１つ。③獲得できている語彙が少ない。これは、使える語彙が少ないため、同じ言葉をくり返すばかりで、相手の理解や共感を得ることができません。語彙力がないと相手の心を動かすことができないのです。

　チームの中の１人であれば、評価を得られない原因になります。さらに、責任を持つ、リーダーシップの発揮が求められる立場の場合は、語彙力がないことは、チーム全体の動きを止め、活力を奪うことになりかねません。

　解決策が必要なのに「だから何度も言っているだろう」と同じことをくり返すリーダーの指示に耳を貸す人はいなくなります。プロジェクトが大詰めでもうひと押しの推進力が必要な時に、「さあ、頑張ろう!」と具体性も方針も不明な言葉をかけても、疲労感が増すだけです。**可能性を明確に示す言葉、突破口を拡大させ**

る確かな提案、スタッフ全員に「理解してもらう」ことが可能な言葉が、人の心に届き、人びとを動かすことができます。リーダーシップには語彙力の高さが必要なのです。

　そのため、社会人としての成長過程においても、リーダーシップにつながる高い語彙力を持つ努力が、自己のステップアップに欠かせません。「経営の神様」と呼ばれた松下幸之助氏（現パナソニック創業者）。「新・経営の神様」の異名を取る稲盛和夫氏（京セラ創業者）。両者に並ぶカリスマ経営者として名を残す本田宗一郎氏（現ホンダ創業者）。こうした日本経済を牽引してきた経営者たちの言葉は、今現在も至言としてビジネスの現場で語り継がれています。その企業のみならず、業種業態を越えて人びとの心に勇気と指針とを与え続けています。

　0を1に変えた創業の思いを後進の人びとに継承するため、その言葉はわかりやすく、誰もが自分に置きかえて理解できます。「理解する」と「理解してもらう」がセットになった語彙力の高い言葉の数々です。こうした先達の名著を読むことも、語彙力を高めることに役立ちます。最新の専門を理解する学びも大切ですが、磨き抜かれた人の言葉を理解し、自分の語彙を増やすことで、語彙力を高めるコツを学ぶことも必要です。

ポイント

- 使える語彙が少ないと、相手の理解や共感を得ることができない。
- 人びとを動かすリーダーシップには高い語彙力が必要。
- 先達のカリスマ経営者たちは高い語彙力で経済を牽引してきた。
- 磨き抜かれた届く言葉から、語彙力を高めるコツを学ぶ。

語彙力を高めるには「音読」が効果的

　質が高い語彙を数多く獲得するためには、他の人の語彙力に学ぶことが効率良く、効果的です。ただし、注意点があります。

　①語彙力が高い人の言葉に耳を傾け、「理解してもらう」ための手短で明確な伝え方を体感する。しかし、「理解する」側の自分が、「わかった」「何だ、そうか」といった耳学問程度の集中力では、聞き間違い、覚え間違い、使い方の間違いをしかねません。

　②優れた語彙力によって磨き上げられた至言の宝庫のような本は、わかりやすいこともあり読み飛ばしてしまいがちです。自分なりに噛みくだき、咀嚼し、消化してはじめて自身の成長の資源となり栄養となりますが、丸呑みや早食いは逆効果です。

　いずれの場合も受け身であることが、問題点となるのです。

　語彙力が高い人の伝え方から学ぶ際には、耳から入った言葉を自分の脳で受け止め、それを自分の発言に変換することで咀嚼が可能です。上司から指示を受けたら「○○を○○ですね。○○の確認のためですね」と復唱を心がけましょう。意外に思い込みや浅い理解で間違っていることもあります。また用語や言葉、立場の違いからの発言の仕方に問題があれば指摘を得られます。語彙

のミスを減らし、正確な学びを助けてくれるでしょう。

　本を読む際、目で追うだけの「黙読」だけでは、視覚上の把握や意識上での理解であり、他者とのコミュニケーションに必要な言葉の獲得とはズレがあります。**正確に話せるか、確実に伝わるかを自己チェックするには「音読」が効果的です。**

　江戸時代、日本では子どもでも識字率が高く、それは寺小屋での学習効果によるものだと言われています。学び方は漢文にひらがなのふりがなをそえた教科書の音読でした。日常会話を文字化する能力ではなく、商売の言葉や作法の心得などを文字で学び、成長の資源とする学習です。未知の知識を視覚と音で捉え、くり返し咀嚼し、理解し、栄養としたのです。

　現在の生活の中で、常に音読をするのは難しいでしょう。おすすめは小説やビジネス書を音読してくれる配信サービスの利用です。高い語彙力を持つ著者の言葉を、優れた話者による正確な伝え方で受け止めることができます。

　可能であれば、自分で音読したものを録音し、通勤時や移動の際にその音声を聞き直すのも効果的です。自分の声なのに、自分でもわかりにくい部分に気づくと、素直に直したいと思えるでしょう。自己鍛錬の意識も身につきます。

ポイント

- 他人の語彙力から学ぶのは効果的。しかし学び方には注意。
- 自分の「理解する」が正確かどうかを確かめるには、耳で聞く際には「復唱」し、本を読む際には「音読」が効果的。
- 自分の音読を自分で聞いてチェックすることで学習効果は高まる。

語彙力を高める機会を増やす練習方法

毎日、小説や詩などを
1分間声に出して読む

　語彙力の高い人と話す。読書をする。音読をする。いずれもやろうと思えば思うほど、「機会がない」「時間がない」「場所がない」とやれない理由ばかりが立ち塞がります。でもそれは、やろうとしない方を選ぼうとする無意識下の言い訳です。語彙力を高める自己鍛錬には、意識的に学びの機会を増やすことが必要です。

　おすすめは、入浴時間を使ったお風呂での音読です。歌を歌う、動画を見るなど、もともと入浴時間をリラックスのために使っている人もいるでしょう。一方、とくにすることがなく、長く湯船に浸からずにサッと済ましている人もいます。熱すぎない湯で、心臓に負担をかけない浸かり方で、30分程度かけてゆっくり体を温めるのは心身にリラックス効果が期待できると言われています。

　新たな健康習慣としてのお風呂での音読なら、始めるきっかけにも、続けるモチベーションにもなるはずです。

　歌を歌う際に気持ちよさを感じるには、ある程度の声量を出したくなりますが、立地や時間帯により難しいこともあるでしょう。音読であれば、通常の声量で気兼ねなくでき、それでいて浴室の反響がオーディオブックをイヤホンで聞くような音響効果を与え

心地よさがあります。また、高い湿度が喉を潤してくれます。

　浴室に持ち込めば、本は湿って傷みますが、そこは割り切って安価な古書を持ち込むといいでしょう。長い小説や難解な学術書でなく、読みやすいもの、でもこれまで読んでいないジャンルや著者を選ぶのも興味を持続させる上で効果的です。

**　言葉と出会うための機会と捉えて、1冊を読破することにこだわる必要はありません。いつものルーティーンな時間と行動の中に、新たな言葉が飛び込んで来ると興味や関心も持ちやすいものです。**気になる言葉やフレーズがあったら、本を閉じ、それを自分ならどう使うかを考える思考の時間に使うのも、語彙力を高める上で効果的です。

　こうした日常の中に語彙に向き合い、考える時間を設けるようになると日々そうした機会を増やすことができるようになります。

　食事の際には、「美味しそう」「美味しかった」だけで終わらずに、食材や調理法、盛り付けなど「美味しい理由」を自分なりに考えてみます。ちょっとした駅周辺の徒歩移動でも、店構えや陳列のセンス、看板のデザインなどの特徴や気づきを自分の言葉で自分の説明してみます。そうした訓練機会の多さが、意見を求められた時のとっさの語彙力が発揮できる能力の下地となります。

■ ポイント

- 語彙力を高めるには、意識的に学びの機会を増やすことが必要。
- 浴室での音読は、音響効果や加湿環境で心地良く集中できる。
- 1冊の読破にこだわらず、言葉を深く考え、自分のものにする。
- 日常の中に語彙を考える時間を設け、言葉の獲得を心がける。

イメージや未来を伝える語彙力を高める

詩や俳句に触れることで
語彙力の世界が広がる

ビジネスの現場でも、どうしてもスペックやそれに対する価格での費用対効果など、カタログ的な情報のやり取りばかりが行われます。しかしそれだけでは、結局、価格競争や条件闘争となり、物事の本質に向き合うコミュニケーションや、協働・共創関係を築くことは難しいものです。

スペックが高度で多機能でも、相手が知りたいのは「結局、何の役に立つのか？」という自分の現場から見た効果や変化です。導入コストの低さや「おまけ」のお得感も魅力的ですが、より具体的な改善によってできることが知りたいのです。

それを伝える語彙力には、経緯や背景を物語として伝える表現の多様さを磨く必要があります。

面白い話や特別な話題を用意する必要はありません。ただし、業務連絡のような平坦な説明や、何度も同じ言葉をくり返すような薄味のものでは、相手の興味を引くことはできません。

欧米や東アジアでも韓国や中国では詩（ポエム）は、古典作品が教養として重視されるだけでなく、現代文学としても幅広い年齢層に人気があります。そのため、会話の中に詩的な言い回しを

添えることは、大仰な印象よりも知的で私的な特別感を相手に与え、興味や共感を呼び起こすのに有効とされています。

　しかし、日本では歌の歌詞が好きかどうか以外では、そうしたコミュニケーションをとる機会がほとんどありません。そのためビジネスや公的な場では、型にはまった会話が主流になり、語彙力による差別化や価値の提示がしにくい実情があります。

　しかし、日本には俳句や短歌などの短文表現が広く浸透しています。俳句を読む習慣がない人でも五七五のリズムを心地良く感じ、実際、往年にヒットソングの歌詞には五七五で構成されたものも多くあります。**俳句や短歌は、風景の中に心情を投影し、日常の出来事に新たな発見を見出す手法です。わずかな言葉で相手に伝え、共通の理解を可能にするコミュニケーション手段としてきた長い歴史があります**。俳句や短歌に触れ、言葉のリズムや間接話法で伝える表現を少しでも身につけることは、自分らしさを持った語彙力の獲得に役立ちます。

　ビジネス文書の冒頭にいまだに季節の挨拶があります。多くは慣例程度のものとなっていますが、やはり詩的な入口が必要なのです。今の時代の変化、未来の予感、改善効果などを、慣用句やありきたりな言葉以外で伝えることができれば、相手は興味を示し、他との違いを感じ、興味や共感を持ってくれるでしょう。

ポイント

- ビジネス現場の従来言語では、差別化や独自の魅力発信は難しい。
- 伝えたい事を景色や物語として表現できる語彙力が必要。
- 日本の俳句や短歌には、短文で理解し合える言葉の技術がある。
- 変化や改善、未来への期待を共有出来る語彙力を高めよう。

心を動かされた表現は
書き残して読み返す

　上司が部下に強くダメ出しをする。同僚のアイディアや仕事の
進め方に否定的な意見を言う。顧客の現状に厳しい意見を添えな
がら改善策を提案する。

　どれも言葉を発する側は、相手のためを思い、良かれと思って
のことが多いのですが、その気持ちはほとんど伝わりません。熱
意があっても真意が伝わらなければ、相手の心は動かず、ただ扉
が閉じてしまうだけです。

　ではどのような言葉を使い、伝えれば、相手を思う熱意や誠意
は誤解されずにすむのでしょうか。私たちは、流行りの歌から感
動や勇気を受け取ります。新しい言葉、新解釈の表現、はじめて
のものも多いのに、素直にその言葉やそこからイメージする情景
に共感し、自分のものとできるのです。それは優れた楽曲には、
高い表現力が伴っているからです。

　CMソングでなければ、歌はそれ自体の情報価値しかありませ
ん。しかし、人はそれを必要とします。自分の感情を揺さぶり、
心を動かす力を求めるからです。エモーショナルを起こす言葉や
表現には力があります。ビジネスは挑戦と決断の現場であり、感

情という推進力を生み出す語彙力は高く評価されるでしょう。

　読書で気になった言葉や文章。短歌や俳句からイメージできた風景やそれに伴う感情の機微。そして、耳にした歌から得た心をゆさぶる歌詞などを、忘れずにメモをして残す習慣を持つようにしましょう。

　人の心の起伏は、その時々の諸条件により変わっていきます。ある日にメモ書きされた言葉が、後の日に見返すとまったく異なる意味を持ったり、新発見を与えてくれたりすることもあるはずです。**日々、心を動かす言葉を集め、その自らの記録と記憶から別の感動を発見する。それをくり返すことで、自分の中の感情表現が多様化し、相手の心を動かす語彙力がどんとん高まって行きます。**

　ここまでに、語彙力の高い人から学ぶ。語彙力の達人たちが残した言葉から学ぶ。語彙力の高い表現手段から学ぶなど、さまざまな機会を捉えた質の高い語彙の獲得方法や、それを自らのものとし、「理解してもらう」ための語彙力の高め方を見て来ました。

　こうした積み重ねが、さまざまな他者の言葉に興味を持つアンテナを増やします。相互理解のために語彙力が必要であることが理解できれば、自ずと自身の語彙力も高まっていきます。

ポイント

- 自分の熱意だけで言葉を押しつけても相手の心は動かない。
- 人はエモーショナルな感情の揺れに応じて行動を決断する。
- さまざまな表現手法から感情を揺さ振る言葉を集め検証する。
- 相手を「理解する」ことを全体に「理解してもらう」を意識する。

オーディオブックで 「耳学問」を鍛え直す

【027】では、耳学問の危うさを、聞いた言葉を深く受け止めずに「わかった」「何だ、そうか」と浅く考えてしまうことに原因があると説明しました。しかし私たちの日常には、視覚や聴覚など、何かをしながらでも情報が得られる接点が多数存在します。

TVや配信動画、街中のデジタルサイネージや音響を介したものなど、一方的な情報を遮断することはほぼ不可能です。**日々増えるそうした情報に迷わされることなく、危うさを回避することが、語彙力を高める環境を持つ上で重要です。**

TVや配信動画は、大量の情報が一方的に視覚や聴覚から入って来ます。それは、伝えたい側があらかじめ特定の目的を持って編集と演出した情報です。受け手が考えたり、批判したりすることを前提にしていません。しかし、感情をゆさぶる効果は大きく、私たちは価値や共感を得たと思い、その刺激を求めます。

もちろん配信動画やTV番組にも有益な情報や知識、良質なエモーショナルも多数存在しています。問題なのは、これまで見て来たように受け止める側にあるのです。語彙力を高める習慣が身につくと、こうした受け身の情報処理を脱することができます。

　先に紹介したオーディオブックはその1つです。「読書」という従来の情報獲得の意識を持ちつつ、感覚的には聴覚に集中した情報処理と語彙の獲得の訓練が可能です。

　オーディオブックによる「読書」機会が増加し、手があくことで気になる言葉を「メモする」ことが可能になります。また再生速度の変更により、情報収集時間を調整できるという独自に環境も実現できます。もちろん中断して、気になる言葉について考える情報処理に時間を使う切り換えも可能です。

　つまり「ながら」の耳学問ではなく、耳学問に集中する語彙の獲得が習慣化できるのです。この習慣化が身につけば、日常のTVや配信動画、街中に溢れる一方的な情報に対しても対応でき、自身の語彙力強化に役立てることができるようになります。

　読書や耳学問による質の高い語彙の獲得ができるようになると相乗効果も現れます。語彙力の高まりと共に想像力を働かせる力が強化されるのです。新しい言葉や情報に対する浅い対応はなくなり、想像力という無限に広いフィールドで思考を重ね、アイディアを増やして行くことが可能になります。理解力と想像力に支えられた語彙力により、意見と発し、意欲を伝え、他者との協働・共創の実現を可能にする共創力も得られるのです。

ポイント

- 視覚や聴覚に一方的に届く情報は、考える力を阻害し、語彙力を高める妨げになる。
- 受け身の情報処理を脱するためにオーディオブックを活用する。
- 語彙獲得の機会を増やし理解力・想像力・語彙力・想像力を高める。

言葉の意味を調べるときは、類語を一緒に調べる

　語彙力を高めるには「深く」「広く」を意識するといいでしょう。そのためには、新しい言葉に興味を持ったなら、調べる習慣を身につけます。

　言葉の意味があやふやな理解のままでは、間違った使い方をして評価を下げたり、適材適所の使い方がわからず結局は使えなかったり、それでは知識があっても宝の持ち腐れです。必ず辞書で確認し、正しく深く理解することを心がけましょう。

　また、質の高い語彙を獲得できても、同じ言葉ばかり用いていては語彙力がないのと同じです。聞く側も「また同じ話をしている」「いつも紋切り型の意見しか言わない」と、聞く耳を持ってくれなくなるでしょう。しかし、自分の意見や価値観を変えることはできません。そこで、同じ意味でもニュアンスや使うべき文脈が異なる言葉、つまり類語を獲得しておくと便利です。発言がブレることなく、対話にバリエーションを生むことができます。

　言葉を調べる、類語を知るには、辞書を持ち歩かなくてもスマートフォンで検索すればある程度の確認が可能です。気になったら

すぐに検索し、その後にさらなる検索や辞書で調べてより正確な理解をすることを忘れないでください。**深く知ることが、誤用を防ぎ、知る機会を逃さないことが1つの意味合いに対する幅の広い語彙の獲得につながります。**

　たとえば他の人の仕事の進め方に心配な点があっても「心配だよ」と伝えるだけでは、相手は「否定的な意見」としか受け止めないか「言いがかりをつけられた」と聞く耳すら持ってくれないでしょう。「心配　類語」で検索するといくつかの類語や「言い換え」「同義語」などを見つけることができます。

　その中から、「危惧」「憂慮」「懸念」などを使えば、何かしらの事例や経験をもとに「確認しておいた方がいい点のアドバイス」であることが伝わります。「気がかり」「憂慮」「老婆心」などを使えば、あくまで「あなたを気遣う思い」からの声かけであることを伝えることができます。相手も1度考える気持ちになり、その気遣いに感謝の気持ちも持つはずです。

　言葉を調べると日常会話では使う機会のないような熟語にも出会います。それらも知識としてストックしておくと、上司や顧客に提出する文書の中で用いることで、思慮深さがあり、深い見識や教養の持ち主という印象を与えることができます。

ポイント

- 語彙の獲得には辞書で確認し、正しく深く理解することが大切。
- 同じ意味合いの類語を用いれば、対話にバリエーションが生まれる。
- 言葉を調べには辞書を使わなくてもまずはスマートフォンの検索でも十分。知る機会を逃さずに、後でより正確な知識を確認する。

漢字の成り立ちから
言葉の意味を深く知る

　「類語」「言い換え」「同義語」を調べることで、言葉の意味を基準にした活用の幅を広げることが可能です。その正確な理解には類語辞典が役立ちます。1冊は手元に置いておくと良いでしょう。言葉を調べる習慣が身につくと、辞書を用いて語彙力を高める学び方が楽しくなります。さらに高度にかつ深く理解することで、語彙力を高める学びに役立つのが漢語辞典です。

　漢字は表意文字です。1文字の漢字を構成する要素に意味があり、熟語であればそれぞれの関係に意味が含まれています。難しい言葉があつかいにくいのは、覚えることの難しさに加え、口語で使う音と、漢字としての意味とをあわせて理解していないことも原因の1つです。**新しい語彙の獲得時には、その言葉の成り立ちを漢字の意味から理解すると、活用の幅が広がります。**

　「懸念」を例に見てみましょう。「懸」の字は「縣：紐でつるしてかける」と「心」で構成され「心にひっかかる」という意味です。「念」は「心臓を包む」という意味合いの構成から「あるものをすっぽりと覆う＝常に思う」の意味を持ちます。つまり「懸念」には、「私

の心の中にある何かがひっかかっている」から「心配だ」という意味があり、ただ「心配」と伝えるよりも親身さを感じる言葉なのです。

　もう1つ、逆の意味を持つ「安堵」を見てみます。「安」は「家屋の中の女性」の姿から「やすらか」を表します。「堵」には、「土を重ね固めた塀」の意味があり、「やすらかな状態を守る」ことへの確信が得られるほどホッとした気持ちといえるでしょう。

　いずれも説や解釈ですが、音として使う言葉を正確に文字として覚えることと、その字の成り立ちから意味合いまでを理解することで、シチュエーションをイメージしながら使い方を考えることができます。知る、理解する、正しく使えることで質の高い語彙の獲得となり、そうした語彙の類語を持つことで語彙力が豊かなものとなるのです。

　辞書で調べる習慣には、その前後の言葉との出会いという予測不可能な発見の機会も与えてくれます。世の中には知らない言葉が沢山あり、知らなければ調べる機会もありませんが、辞書を開けば発見と調べる機会が何度も生まれます。辞書を開き、言葉の発見が楽しくなれば、語彙力は加速度的に高まるでしょう。

ポイント

- 類語辞典と漢語辞典を身近において言葉を調べる習慣を持つ。
- 辞書を開くことで知らない言葉に出会い調べる機会が増える。
- 口語の「音」と漢字としての「意味」を学び理解することで、言葉を正しく使うための語彙力が格段に高まる。

古い新聞から
新しい言葉を発見する

　自ら獲得を意識することで語彙力は飛躍的に高まります。そのことが実感できると、さらに新しい言葉の発見への意欲が湧いてくるでしょう。そこでおすすめしたいのが新聞です。今ではネットニュースが主となり、紙の新聞を広げて読む機会がない人も多いかもしれません。しかし、新聞紙の紙面には、偶然の発見の可能性に満ちた仕組みが隠されています。

　新聞紙は、ジャンルを問わずにその日の最重要とされる話題が1面を飾ります。そして、社会、経済、国際、スポーツ、地域などのジャンルごとに分けられた最新の情報が整理され掲載されています。意識さえすれば、自分が日頃興味関心を持たないジャンルの最新の話題をチェックできるのです。

　そうした記事以外に、新聞紙には雑誌や書籍、製品の広告、企業のメッセージ広告なども掲載されています。これらは「今の話題」そのものです。そこに出てくる言葉の中に知らない、わからないものがたくさん発見できるでしょう。

　新聞紙は購読していないという人は、近くの図書館に行けば主

要各紙が揃っています。小さな分館でも数か月分が閲覧可能です。**今日から新聞紙を読み始めれば、これからずっと言葉の発見には困ることはありません。**

　図書館で新聞を読むのであれば、さらにおすすめがあります。各自治体の大きな図書館なら、過去の新聞縮刷版を揃えています。その閲覧からは、今現在の話題とは異なる、普段出会うことのない言葉の発見が期待できます。まずは自分が生まれた年の縮刷版から手に取ってみましょう。自分が生きた同時代なら、懐かしさもあり、知っている言葉も多いはず——とは限りません。

　記憶に残る一番昔の大きな出来事の記事を見つけてみましょう。その日、その年に起きた出来事、有名人、海外の事などを見ると、意外な同時代史を再確認することでしょう。その中で使われている言葉、その時代の価値観、正しいとされていること、懸念されている変化……。今現在の視点だからこそ深く理解できる「答え合わせ」のような読み方と、新しい発見がいくつもあるはずです。

　価値観が多様化する現代においては、自分が通り過ぎた過去に見落としていた発見もあります。図書館で新聞を読むことで、そうした宝の山の探索を楽しむこともできるのです。

ポイント

- 新聞をWebではなく新聞紙で読むことで、同時代の多様な話題に触れ、知らない言葉、わからない言葉をたくさん発見できる。
- 過去の新聞を読めば、時代の変遷で変わってきた価値観や、現在の生活では触れることのない言葉の発見や意味を知ることができる。

デジタルを活用して、大量の文章から言葉を発掘

　本をたくさん読む読者家には、知っている語彙も多く、語彙力が高いイメージを持ちます。しかし、趣味で読む本は、同じジャンル、同じ作家である場合、語彙の多様性や広がりに限りがあります。また、読むこと自体を楽しむ人は、文脈で把握しても、言葉の1つひとつを深掘りする必要は感じないかもしれません。

　そういう意味では、「読書家である」ことが「語彙力が高い」ことの絶対条件ではないのです。1冊の本を読み込む読書家よりも、たくさんの本の目を通す「乱読家」を目指しましょう。**多くの本にアクセスして、未知なる言葉に触れる機会を増やすことが、語彙力を高める上では必要なのです。**

　「乱読」とはいえ、「本をたくさん読む」ことに変わりはありません。どのように本にアプローチすればいいのでしょうか？　新聞紙同様、図書館が近くにあれば便利です。ただし、自治体全館で蔵書が分配されていたり、最新の書籍やビジネスに特化したものは少なかったりするので、狙ったジャンルや話題の本をすぐに手に取れないかもしれません。それは書店でも同様で、最新刊でも店頭には1か月程度しか置かれない本も多く、過去の刊行物と

なると大きな書店でないと手にできません。

　使い勝手が良いのが電子書籍です。紙の書籍もWeb注文で短期間で手に入りますが、じっくり読み込む蔵書目的ではないので、何冊購入してもスペースを必要としないのは電子書籍の最も注目したい利便性です。また、紙の書籍よりも安かったり、セールの対象になったりすることもあり、「数多くの本にアクセスする」ことが目的なら、電子書籍に多くのメリットがあります。また、AmazonのKindleなら、会員が無料で読める電子書籍も数多くあります。

　デジタルを利用した本へのアプローチでは、「青空文庫」（https://www.aozora.gr.jp）の利用もおすすめです。著作権が消滅した作品や著者が許諾した作品を、電子書籍で公開し無料で提供しているWebサイトです。明治・大正期の名著の数々を読むことができます。著名な作家の日記や随筆、雑誌掲載記事などもあり、時代の息吹を感じる言葉や論考にも出会えます。

　また、神戸大学図書館デジタルアーカイブのWebサイトに開設された「新聞記事文庫」（https://da.lib.kobe-u.ac.jp/da/np/）では古い新聞記事を読むことができます。これは、同大経済経営研究所が作成した新聞切抜資料をもとに、1945年までの記事をデジタル化し公開しているものです。

ポイント

- 語彙力を高めるには本１冊を読み込むことよりも、数多くの本からたくさんの言葉を発見することに意義がある。
- 場所を取らない電子書籍や古い作品にアクセスできるWebのサービスは、語彙力向上のための読書には最適。

言葉を「覚える」努力は「使う」ことで語彙力となる

　幼児は覚えたての言葉をすぐに使い、何度でも口にします。それが言葉として伝わると満面の笑みで喜びます。実はここに語彙力を高めるヒントがあります。

　人間は年齢を重ねると年間に獲得できる言葉の数が減って行きます。大人は年間50語程度です。意識して新しい言葉を覚えようとしてもなかなか数を増やすことは難しくなります。これは「覚える」ことにこだわるのが１つの壁となっているからです。

　新しい言葉と出会い、調べて正確に理解し、そのことを覚える。これは本章で見て来た通りです。しかし、「覚える」が語彙力を高めるゴールではありません。「覚える」＝「覚えた」ではないからです。あらゆる記憶は時間と共に薄れて行きます。「覚えた」はその瞬間が最も確かな記憶ですが、時間と共に「覚えていない」へと変化して行きます。

　獲得したはずの語彙も気づけば失ってしまうのです。

　この獲得した語彙を維持し、いつでも使える状態にすることが、語彙力を高めることにつながります。そのお手本が、幼児の「知っ

たらすぐに何度でも使う」です。

　引っ越しの際に詰めた段ボール箱を引っ越し先で何年も開かない。買った服をクローゼットに入れたまま１度も着ない。それと同じで、言葉も「わかった」「覚えた」と記憶しただけで使わなければ語彙として活用されることはありません。そしてそのまま消えてしまうのです。

　覚えたらすぐに使う。これが語彙力を高める最も基本的で効果的な方法です。そして「すぐ」の目安は30分以内です。さらに覚えたての語彙ほど、何度でも使ってみましょう。閉じた段ボール箱やクローゼットの中ではなく、常に意識の入口に置いておくのです。短期間で何度も使ううちに、活用方法が体得され必要に応じてすぐに口から出てくるようになれば、それが本当の語彙の獲得となります。

　実際に人との対話の中で使うことが一番効果的ですが、同じ人が相手だと「知ったばかりの言葉を何度も使って子どものようだ」と言われそうです。脳内でいろいろなシチュエーションを想像してシャドウボクシングのように使い方の研究をするのもいいでしょう。または、ＳＮＳでその語彙を用いた意見や感想をつぶやくのも効果的です。誤用があれば指摘されるかもしれませんが、練習相手だと思えば感謝の気持ちもわきます。

ポイント

- 言葉と「出会い」、調べて「理解」し、「覚える」だけでは語彙力は高まらない。
- 覚えた言葉はすぐに使い、何度でも使うことで語彙力は高まる。
- 誰かに話す、何度も使い方を考える、それらをくり返して練習する。

雑談の会話・対話が
伝わる語彙力を高める

　難しい言葉をたくさん知っていても、自分の意図や意志が相手に伝わらなければ、日常生活や仕事において、その知識は役に立ちません。人生において充実を感じる社会生活も、有意義と感じる仕事も、すべては誰かと共に成し遂げる協働・共創だからです。言葉で自分を伝える語彙力は、相手の存在があってこそ必要な能力なのです。

　コロナ禍を経て、人と人のコミュニケーションや働き方は大きく変わりました。リモート会議やアプリケーションを介した業務の共有など、デジタルを活用したオンライン上でのかかわりが増えています。自分の時間を大切にできるメリットがある一方で、リアルな対人関係が希薄になるデメリットも指摘されています。**対面ならその場の空気感で「伝わっていない」を察することや、そこから「伝えよう」という熱意が生まれ、互いに理解し合うための工夫が生まれます。**

　「三人寄れば文殊の知恵」と言います。普通の人でも多数で話し合えば良いアイディアや皆が納得できる解決策が得られるという意味です。個が重要視される一方で、多様性が必要とされる現代

において、密なコミュニケーションが薄まる中、高い語彙力を持つ人が「文殊の知恵」をまとめ生み出す存在として必要とされます。

　仕事がリモート中心なら、積極的に外に出て誰かに会いに行きましょう。勉強会やセミナーなど、同じテーマを共有できる場は年々増えています。リモートでも参加できますが、リアルに集まる場を求める人には意欲的なタイプが多いものです。必ず話したい、伝えたいと思える人が見つかるでしょう。

　勉強会やセミナーの会場では、どうしてもその目的のみの交流で終わりがちです。その出会いを活かし、より気軽な時間の共有を積極的に提案してみましょう。会議で横道にそれるのは迷惑ですが、雑談なら会話のテーマはいくらでも広げられます。新たな言葉の発見も増えるはずです。

　同じ組織の一員ではない人とのコミュニケーションは難しい、苦手と感じる人も多いかもしれません。それは「伝わらない」を躊躇する自然な感情です。しかし、「伝わらない」からスタートするからこそ「伝わる」ことの価値が理解できます。
　語彙力を高めることは自分だけでなく相手との理解という価値の共有なのです。

ポイント

- 語彙力を高めることは、「伝えたい」と思う自分のためでもあり、協働・共創社会の実現に欠かせない相互理解のためにも必要なこと。
- 対面だからこそ得られる言葉の発見や相互理解への熱意も生まれる。
- 「伝わる」ことの喜びが語彙力を高めるモチベーションになる。

第4章

「伝わらない」が
なくなる
言葉の伝え方

どんなに思考を整理し、言葉をインプットしても、伝え方が良くなければ相手にうまく伝えることができません。とくにビジネスの場においては、伝え方や話し方は重要なスキルとなるでしょう。本章では、相手に伝わる言葉の使い方を学びましょう。

まずは相手の話を
しっかり「聞く」

　語彙をたくさん獲得しても、それだけでは宝の持ち腐れになってしまうかもしれません。真に語彙力が高い人とは、それを用いて自分の考えや気持ちを相手に「伝える」ことができる人です。「伝える」の起点は自分自身ですが、それが誰かに「伝わる」という終点にたどり着かなければ意味を成しません。語彙を駆使しても「伝わらない」という結果に終わってしまうのです。それではいつまでの語彙力がないのと同じです。

　自分の考えや気持ちが「伝わる」とはどういうことでしょうか？よく「わかりやすく伝える」「ていねいに伝える」と言われますが、「伝わらない」のなら同じことを何度もくり返しても状況は変わりません。しかし、なぜ「伝わらない」のかは、自問しても気づきにくいものです。なぜなら、その理由は終点側＝相手の立場に立たないとわからないからです。

　まずは、相手の話をしっかりと「聞く」ことを意識してみましょう。自分を終点側として意識することで「伝わる」とはどういうことかがわかってきます。「なるほど」「そうか」と感じさせる語彙力の高い人の特徴が見えてきます。そのコツを自分のものにし、

実践することを心がけることで、「伝わる」話し方が身について行きます。

　単に語彙が多いだけではなく、その使い方で「その人らしさ」がプラスされることで伝わり方も変わってくるのがわかってきます。「歌手の○○の『○○』という曲が人気。私も好きになった。聞いてみたらいい」と言われても。「へえ」と聞き流してしまいます。そこに「とても悲しい曲だけど、聞き終わった後になぜだか心が安まる」と加えられたら気になります。さらに「私は、金曜日の帰宅途中に聞くと、1週間の疲れがリセットされて、土日が有意義に過ごせる」と言われたら聞いてみたくなるはずです。

　そこには伝える側の「リアルな言葉」があるからです。**「リアルな言葉」は、伝えたいことを「情報」で終わらずに、相手に「もっと知りたい」「より理解したい」という気持ちを呼び起こします。**それが「伝わる」ことへとつながります。

　「相手の話を聞く」ことを意識すると、相手の「伝えたい」を吸収する姿勢も身につきます。相手のことを理解し、求めるものがわかれば、適切な語彙を選び、自分なりの「リアルな言葉」を用いることができます。自分を起点にした「伝えたい」が、相手から見ても「伝わる」ものとなり、「伝える」ことができるのです。

ポイント

- 「わかりやすく伝える」「ていねいに伝える」と自分の側で思っているだけでは相手には伝わらない。
- 伝えられる側の立場で伝わる語彙力のコツを理解する。
- 聞く耳を持つことで、相手を理解し、伝わる語彙力を高める。

言葉のリズムを意識すると意味が伝わりやすくなる

　伝わらない話し方には、いくつかの特徴があります。

　ダラダラと長い。要領を得ない。話のポイントが見えない。こうした話は、川のせせらぎや木々の葉音のように耳を通り過ぎて何も残らないため、「伝わらない」のです。

　古来、人びとは、本当に伝えたいことを詩や歌にしました。記録のための文書とは異なり、詩や歌は多くの人の心を射止め、真意を伝え、共感や同意を得ることができる「伝わる」ために有効な手法なのです。そこには「リズム」があります。欧米や中国の詩は「韻」を重視し、その重なりが聞く者の心にリズムを刻みます。現代では、ラップの韻の踏み方が広く受け入れられ、日本でも親しまれるようになりました。

　同じような詩歌の表現が、言語文化として浸透している例が日本にも古くからあります。俳句の「5・7」や短歌の「5・7・5・7・7」に見られる音節の言葉です。日本最古の歌集である『万葉集』の短歌は、当時の貴族だけではなく、兵士や農民の歌も含まれています。編纂されたのは7世紀後半から8世紀後半です。その頃から、**5と7の音節は、日本人の耳に馴染み、自分の思い**

を広く伝える表現として、今に至るまで伝えられ、磨かれてきました。 まさに語彙力の根幹にあるものといえるでしょう。

　実際、現代のJ-POPの歌詞にも5と7の音節が使われ、注意して見ると広告のキャッチコピーでも見つけることができるでしょう。「あけまして　おめでとう　ございます」「いつもお世話になっています」「ありがとう」「さようなら」など、日常的に大切な言葉もそのリズムを持っています。

　5と7の音節のリズムを意識することで、馬耳東風のごとく聞き流された言葉が、相手の心にステップを刻むように着地させることができます。

　5と7を「文字数」で指折り数えても無駄に時間を費やすだけです。5と7は音節で捉えればよく、厳密に考える必要はありません。1つ意識して欲しいのは、日本語の名詞の後に付く「は」「に」「が」「の」「を」などの助詞です。知識の多くは名詞と結びつきますが、その活用には助詞が添えられることで、「何が」「何を」「何に」と意味を持ち、相手に「この人が何を言いたいのか」を伝えることができます。この助詞が音節の区切りと意識すれば、話が小刻みになり、ダラダラとせず、かつリズミカルに聞こえるようになり、相手が聞き流すこともなくなります。

ポイント
- 話が「伝わらない」のは、長い、ダラダラしている、要点が見えないなど、聞く側の意識を散漫とさせる捉えどころの無さが課題。
- 話を手短にリズミカルにすることで相手も注意を払うことができる。
- 日本では、古来、5と7の音節伝える言葉が「伝える」のに有効。

文章は短く、
40文字程度を意識する

　話が長く、ダラダラし、聞いていたくなくなる。そうした相手に「伝わらない」状況を回避する方法は「手短に話す」ことです。

　営業担当者にとって、重要なのはクロージングです。説明は尽くした、理解も得られた、あとは相手に「OK」と言ってもらうだけ。なのに「本日はお時間をいただきありがとうございました。御社の新規事業において、弊社のこのサービスが必ずや役立つものであることは……」と、説明に戻ったかのような話を始めると、相手も現状がどの段階かわからなくなり、時間が来て「では、また次回」とあと一歩の踏み出しがないまま終わりかねません。

　会議の場においても、「このテーマに関して世の中のニーズは……」「つきましてその要点は……」と、集めた資料の解説が延々と続けば「結局、要点は？」「この会議で何を決めたい？」と参加者は無駄に時間が消費されていると感じはじめ、良い意見は聞けなくなってしまいます。

　「手短に話す」ためのコツは「結論から話す」ことです。 1度や2度の対面や、数十分の会議で、相手の意見を変えたり、ゼロ

を1に変えたりすることはできません。そして相手を前にしてまずすべきことは「相手の話」を聞くことです。「伝える」ためには、ゴールの現状を知ることがスタートに立つことになるのです。

　本当のスタート時であれば、「どうお考えですか？」から入ることも必要です。しかし、結論や判断を得たいクロージング段階や会議の場では、「私はこう考える」を最初に伝え、相手の「同意」「意見」「不同意の理由」を知ることが一番の成果となります。

　同意を得られれば次の段階に進めます。意見を加味すれば、協力が得られるかもしれません。不同意の理由がわかれば、次の手がすぐに打てます。いずれにせよ一歩進めることができるのです。

　では「手短」とはどの程度でしょうか？　ベテランのアナウンサーは、TVニュースであってもラジオのように話すのを意識すると言います。「音」だけで伝わる言葉で、耳に残る音だけで「伝わる」よう心がけるそうです。その「音」は「1秒間に10音」で、たとえば「ありがとうございます」が1秒です。そして、人が一息で話せる言葉、聞く側が意識を集中できる音が「40音」「40文字」、つまり「4秒」が目安と言われています。「この会議では本製品の価格を決めます。市場価格に対し高い設定です」。これで約40字です。会議のゴールが共有できた上で、参加者は「なぜ高いのか」を知りたくなり、次の発言を聞く準備が整います。

ポイント

- 相手に「伝わらない」状況を回避する方法は「手短に話す」こと。
- 「手短に話す」ためのコツは「結論から話す」こと。
- 人が一息で話せる言葉、聞く側が意識を集中できるのは「40音」。
- 最初の「4秒」でこれから何を話し、今、何を決めるのかを伝える。

説明以上のリアルな実感を相手に伝える

オノマトペで
五感を刺激する

　「オノマトペ」はフランス語由来の外来語です。「擬音語」「擬態語」の総称ですが、フランス語では約600語、英語では約1500語が辞書に載っていると言われています。それに対し、日本語には約4800語以上あり、一般的に「日本語はオノマトペが多い言語」のようです（ただし、数千語のオノマトペを持つ言語は世界各地にあります）。**日本語でのコミュニケーションにおいて、オノマトペを使いこなすことは、語彙力を高める上でも無視できません。**

　日本語にオノマトペが多いのは、日本語の動詞が「動く」「見る」などその行為事態しか表さず、「私が」「あなたが」など主語が違っても同じ動詞を用いることも理由の1つとされています。「バタバタ走る」「意外にノロノロした走り」「ジッと見る」「ジーッと見る」など、どのような状況や度合いなのかを伝えるためにはオノマトペが有効なのです。

　また日本各地の気候の違いや、天災の多い環境であったため、その緊急度や危険の大きさ、切迫差を伝え共有し合う必要性から多様なオノマトペが生まれたと考えられています。

　そのため、時代を表す言葉としてもオノマトペが使われます。従来と異なる子どもの命名に新しさや場合によっては批判の意図も込めた「キラキラネーム」。質感に気持ちも重ねた「モフモフ」。「トロッとしたキトキトの濃厚スープがツルツルの麺にからむ」や「フワッフワの食感」「ヒリヒリする辛さ」など食べたことがなくても体感できる味覚の表現も、豊富なオノマトペが共有されているからこそ成り立ちます。視覚や食感まで再現し、五感を刺激するため深い理解が得られるのです。インバウンド観光客の多くは日本語が話せませんが、日本食の魅力を楽しむのと同時に「モチモチ（の食感）」「キンキン（に冷えたビール）」「フワフワ（の綿菓子）」などを、美味しさを表す言葉として理解しているようです。

　自分が感じていることを相手に「伝える」ためには、オノマトペを添えることも意識してみましょう。会話全般が「そこはギューンとした勢いで、ズバッとやればいい」では、ビジネスの場にはそぐわないものとなりますが、提案書の見出しや効果予測等の説明に使うことで、やわらげた表現、リアルな実感を伝える効果が得られます。

　オノマトペは「互いに共有できる表現」であればこそ、使う意味がある言葉です。ここでもいざ使う際には、「調べる」「理解する」「誤用しない」のチェックが必要です。

ポイント

- 日本では、より具体的な体感を共有するために、たくさんのオノマトペが生まれた。
- 説明を理解するだけでなく、オノマトペにより五感が刺激され、よる深い体験の再現性が得られる。

「いきなり」は避け助走時間をつくる

相手の心のペースに
合わせた語りかけをする

　「話は手短に」「結論から話す」「動詞の状況説明にはオノマトペが有効」と解説しました。しかし、実はこれらには矛盾があります。それは、日本語は動詞が最後に来るという構造との矛盾です。

　正確に言うと、「常に動詞が最後に来る」のではなく、「動詞が最後に来ても話が通じる」と言った方がいいでしょう。「私は卵を食べました」は、英語では「I ate eggs」であり動詞が先です。英語で動詞を後に添えた場合、「私」と「卵」のどちらがどちらを食べたのかわからず、意味が通じないことにもなりかねません。
　この理屈から見ると、動詞が最後なのに結論から言うのとは矛盾。動詞にオノマトペが必要なのに手短にいうこととの矛盾が生じます。さらに5と7の音節で区切るとなるとどうすればいいのでしょうか。

　ここでも重要になるのが、「伝える」ためのゴールに立ち、相手の側から見た場合、コミュニケーションの状況をどう感じるのかです。いきなり「どうですか？」と聞かれたら、驚くでしょうし、失礼だと感じるでしょう。「これが結論です」と言われても

押しつけられたと反感を買うだけです。つまり、相手に「いきなり」と感じさせないことが大切です。語彙力の効果や「伝わる」の先には、相手の心の動きが存在します。その心の動きが、驚きや反発ではなく、共鳴や共振であることが「伝わる」につながります。

結論から話しても反発を買わないためには、相手の心にウォーミングアップの準備時間が必要です。

商談であれば、「天気・気候の話」は万能です。こちらが出向けば、暑さや寒さは相手の気遣いを自然と導き出します。日本では、「暑い中、わざわざありがとうございます」までが、コミュニケーションの入口として、誰もが共有している感覚だからです。

会議であれば全員が揃うまでに、今日の目的を少しずつ話題にするのもいいでしょう。会議開始と同時にゼロからスタートせず、「事前に少し話したのですが」とすでに場が温まっている状況であり、これからの話は、全体に共有するための説明であると感じれば「自分も聞かなくては」と集中してもらえるはずです。

相手に心の準備をしてもらう。そのための導入トークを自然に演出できれば、その後の「結論から話す」「手短に話す」は、共通のリズムとして闊達な会話や、状況を前に進めるためのコミュニケーションへと結びついていきます。

ポイント

- いきなり結論から話しても相手の反発を買う可能性が高い。
- 「伝える」ことの目的は、相手の心を動かすこと。
- 相手の心の共鳴や共振を得るには、「いきなり」を回避するための心の助走が必要。そのためのコミュニケーションを心がける。

相手が興味を持ってくれる
話題を振る

　ここまで、伝えたい相手の立場や目線でどうすれば「伝わる」のかを見てきました。しかし、世の中には、そもそも他者の意見に耳を貸さない人や、興味・関心を示さない人はいるものです。とくにある程度の責任を持つ役職の人や経営層の人は、「自分は判断する立場」という自負があるので、「知らない事を学ぶ」「新しい意見を取り入れる」ということを好みません。

　一方で、世の中の変化が加速していることは認識しています。なぜなら単純に「わからない」ことが増えるからです。その不安は持ちつつ、人から学ぶことはしない。かといって「教える」ことは拒まれる。ではどうすればいいのでしょうか？

　ここで注目すべきは、相手の「不安」の部分です。中学生の頃の自分を思い出してください。誰もが中学校の頃に「苦手な教科」を自覚します。生活実感とは異なる考え方が必要になる数学。まったくゼロからスタートする英語。外国の人物名が並ぶ世界史。いずれも「未経験」の世界への躊躇が苦手意識を生みます。

　上に立つ人でも、世の中の変化に直面する点では、小さな子どもと同じ同時代人であり、未経験のことばかりです。しかし立場

上、上がってきた稟議を検証し、経営視点での判断や決裁が求められます。部下や誰かに「どうしよう」とは相談できません。

　中学生の頃、わからない事があったら心の中では「私にわかるように説明して」と思ったはずです。必要なのは点数をつける教師ではなく、学びの面白さや学ぶ意味を語ってくれる存在です。

　ITソリューションを提案する場合、IT部門の担当者なら、専門用語やスペックの比較を用いた会話の方が、正確で早いやり取りができます。しかし、その判断や決済をする責任者が、ITに関して「未経験」である場合、「わかるように説明」する必要があります。しかし専門的なことは「わかりやすく」「ていねい」に置きかえることは、さらに難しいことです。その場合、**相手の興味関心の話題に目線を変えて、「結局、何の役に立つのか」が理解できるように話題を振るのが効果的です。**

　ExcelやPowerPointは「使い方」を知らないと活用できません。そこでアプリケーションによる「プラットフォーム」で業務の効率化を進めてはどうか。その提案は、「PCの扱いで面倒だなと思うことはありませんか？　私もExcelは未だに不慣れで。でもそれがこんなに簡単にできます」と、相手の困りごとを共有することから始めると、会話が可能になります。見知らぬ世界に進むことを躊躇する人でも、現状の延長線上になら一歩踏み出せるのです。

■ ポイント

- 「聞く耳を持たない」「興味関心を示さない」相手は必ずいる。
- 無理に話を押しつけても反発や反感を買うだけ。押してもだめなら引いて見る視点の変更が必要。
- 相手の「不安」を見つけ、そこに寄り添い理解の糸口を探る。

うまい「たとえ話」で
さらにわかりやすくなる

　相手が興味・関心を持ちにくい話題や、ある程度の知識が必要な事柄の場合、より一般的な話題に置きかえて話すことで、「ああそういうことか」「なるほどそれならイメージできる」と理解の手がかりや興味のきっかけを提供することができます。

いわゆる「たとえ話」には話題の敷居を下げる効果があります。

　「半導体産業」における「世界規模でのシェア獲得の激しさ」を説明するとします。相手が、「半導体」の製品開発がどのようなレベルで競われているのか、そもそも半導体メーカーにはどのような企業が存在するのか、それはどこの国の企業なのかなど、基礎的な知識がなければ、出てくる製品名や企業名につまずいてしまい、なかなか本題の理解にたどり着けません。

　少し昔であれば、「プロ野球のチームごとの特徴」や「自動車メーカーと主要車種」にたとえる人が多くいました。しかし、それは「自動車」や「プロ野球」が国民的関心事であればこそ有効でしたが、現在のように一定世代以降の「自動車離れ」や、プロ野球の試合中継が地上波では少なくなった現状では、むしろさらに「わかりにくいたとえ話」となってしまいます。

　誰もが知識や経験を持たずとも、「ああ」とイメージできる「うまいたとえ話」ができるように日頃から準備をしておきましょう。

　とはいえ、自分の「知識」に頼った「たとえ話」は、結局のところ他人には縁遠いイメージになってしまいます。また「性別の違い」「国籍の違い」「年齢・世代の違い」「血液型」などに何か特徴があるとして、優劣や甲乙の差を感じる説明を行うことは、むしろ「見識の浅さ」を相手に感じさせるので注意が必要です。

　次のような「たとえ」は、多少の認識の差はあっても、角が立たず、対話を妨げません。

「たとえ話」のつくり方

・**組織や集団の特徴を動物にたとえる**……イヌ：組織的で正確／ネコ：独自性・独立性が強い／ウサギ：状況を見極めた判断力に優れている／オオカミ：イヌ同様に組織的だが既存や前提を壊して進む。

・**「DiSC理論」** は、人の行動や性格の分類手法ですが、「たとえ話」なら企業や組織のタイプや戦略の違いを説明することにも使えるでしょう……主導型（Dominance）：牽引役・チャレンジ気質／感化型（influence）：豊かな発想・オープンな社会性／安定型（Steadiness）：周囲への協調・地道な安定感／慎重型（Conscientiousness）：計画性・論理的。

ポイント

• 専門的な話、知見を持たない人への説明にはたとえ話が有効。
• 裾野の広い、理解されやすい「うまいたとえ話」のパターンを持てるように日頃から考えておく。
• 「たとえ」が個人的先入観や社会規範に外れているとむしろ逆効果。

話上手な人は、
接続詞の使い方がうまい

　相手に心の準備をさせるアプローチや、敷居を下げるための「たとえ話」も、突然そこからスタートすると何の脈絡もない話になってしまいます。相手も「突然、何？」「今、何の話題を話しているの？」と呆然としてしまうことでしょう。

　話を全部伝えようとするあまり長くなる。手短にしようと文を区切るが、前後のつながりが曖昧になる。どれが柱なのか文脈が見えなくなると「ダラダラした長い話」と変わらなくなってしまう……。これはビジネスメールの文章でもありがちな落とし穴です。これを回避するためには、**「接続詞」を的確に使い、相手に何に向けて何を話しているのかの現状確認が可能な伝え方を心がけましょう。**

　うまい話し方は、とっさのアドリブでできるものではありません。優秀なアナウンサーでも、街を歩きながら、電車で車窓を眺めながら「実況中継」のトレーニングをして、展開や脈絡が整理された話し方を磨くそうです。次のような接続詞の「機能」を頭に入れておくと、文脈の破綻しない伝え方が身につきます。

接続詞の種類と役割

・**順接**：前の原因・理由と後の結果をつなぐ。
　理由→だから、なので、そのような理由で、したがいまして、ついては、これらのことを踏まえて
　原因→すると、それにより、そうして、そのようにして、かくして、結果として

・**逆説**：前の事柄から類推される前提とは異なる結果。
　しかし、だが、それでも、とはいうものの、にもかかわらず

・**並列・列挙**：2つ以上の事柄が同質や同価値、事例の場合。
　並列：また、および、かつ、同じように
　列挙：第一に・第二に、最初に・次に・終わりに、まず・次に・そして

・**添加・累加**：前の事柄に「付け加える」。
　そして、さらに、加えて、その他に、それだけでなく

・**選択**：前の事柄と後の事柄のどちらかを選ぶための提示。
　または、もしくは、あるいは、ないしは

・**説明・補足**：前の事柄の原因や理由を述べる。
　なお、ちなみに、ただでさえ、この際、そうした中

・**転換**：前の事柄から、別の事柄へと話題を変える。
　さて、ところで、それはそうとして

ポイント

● 何のことを話しているのか、どのような文脈で、今どこを話しているのかを相手に確認させるためには接続詞が有効。
● 手短は話を接続詞でつなぎ、主題と説明、別の要素と説明、結論に向けた展開を整理して話す訓練を日頃から心がける。

副詞を乗せることで
さらに伝わりやすくなる

　相手に伝えたいことを「伝える」「伝わる」ためのポイントを見て来ましたが、さらに印象を相手に残しながら「伝わる」ための演出方法も見ておきましょう。それは「副詞」の活用です。

　「副詞」は、言葉を装飾する役割を担います。言葉をより詳しく伝えるために用いるものです。動詞の「歩く」に対し、「ゆっくり歩く」であれば、「ゆっくり」が副詞です。副詞には、主に次の様な種類があります。

・情態副詞……主に動詞を修飾します。動作の変化の仕方や、出来事の「ありかた」を伝えます。
　　→おのずとわかることでしょう、ゆっくりと歩く必要があります、いよいよ完成します
　　「反復系」の表現。
　　→名詞の反復：道々、口々に／動詞の反復：いきいきと、しみじみ、かえすがえす／形容詞の反復：ちかちか、ひさびさに
・程度副詞……情態性の意味を持つ言葉を修飾し、その程度を示します。

→形容詞を修飾：とてもうれしことに、かなり良くなりました

→他の副詞等を装飾：ずいぶんはっきりとした、相当に大きな／状態性の動詞を装飾：とても疲れた／量を表す：かなり出た、もっと動く／時間や空間の名詞・代名詞を装飾：もっと高く、ほぼ1万

・陳述副詞……否定や水資料、仮定など、術語の陳述的菜意味の補足や明確化をします。

→否定：決して、必ずしも、めったに／断定・推量：きっと、おそらく／否定推量：まさか、よもや／依頼・展望：どうか、ぜひ／条件：もし、たとえ、せっかく／疑問：なぜ、はたして／比況：あたかも、まるで

　このように副詞は「伝えたい」ことの意味そのものに絶対不可欠な要素ではありません。一方、いろいろな語彙を装飾することもできます。

　手短に説明し、接続詞で文脈を構成し、わかりやすくした説明は、プレゼンテーションの台本などを整理する上で精査し、磨き上げたいものです。しかし、整理しすぎたあまりに「資料」「台本」のようになってしまっては、聞く側の心を動かしません。適度に副詞を用いることで気持ちの深さや意気込みの強さを伝えることが可能になります。

ポイント

- 「伝える」ためには、わかりやすさに加え、印象を相手に残演出方法も必要。それには「副詞」を活用する。
- なくてもいい言葉でもあり、多用するのは避ける。しかし、適度に使うことで気持ちを伝える効果が生まれる。

数字を使って 話の全容を伝える

　今話している内容の全体像と現在聞いている部分の位置づけが明確になると、聞いている側にも理解がしやすくなります。とくに情報が多い場合にはそうした「地図」を提示してあげることが必要です。

　良い例と悪い例、以前とこれから、というような2つの対比や変化なら聞く側も混乱しません。しかし「3つ」以上の要素が入る際には事前の「全体量」を明確にしておくと、聞きやすくなります。

　「重要なポイントが3つあります。○○と□□、△△の3つです。まず1つ目の○○は、他の2つに比べきき馴染みがないと思います。○○から説明していきましょう」

　このように全体の量と要素、さらに1つ目の位置づけがわかると、聞く側も「これは聞き逃せない」と注意力が増します。「伝わる」確度が確実に高まります。

　このように要素が多い、比較が必要、1つひとつを明確に理解する必要が高い場合は、「数字」を用いることで全体像を事前に

見渡すことができる地図を聞く側に提供できます。それは1つの話題の中でも同じです。

「過去3年間の前年比増を比較しましょう。3年前が30000件、2年前が15000件、1年前は33000件に推移しています」

文字や資料を合わせて追えばわかりますが、それでもその数字が持つ意味を即座に把握するのは難しいものです。これは、別の数字を用いると印象が変わります。

「3年前の30000件を基準にすると、2年前は15000件と50%に減少、1年前に31000件と220%増を達成しました。しかしこれは3年前の10%増に過ぎません」

割合を用いて「変化」を把握しやすくすることで、数字の増減の中にある課題も共有できるようになります。

数字を用いるメリットは、話の中に「あいまいさ」を残さない効果です。あいまいさが減ることで相手はその分の「納得感」を聞きながら得ることができます。「ふむふむなるほど」「確かにそうだ」「であれば、その意見も聞くに値する」と、内容が「伝わる」ことに加えた、こちらの意図や意志も「伝わる」ことで、共感や協働意欲、共創への動機づけも可能になるのです。

ポイント

- 話の全体像を先に地図として提供すると、聞く側は理解しやすい。
- 曖昧さを減らし、明確に理解できるように数字を用いた説明をする。
- 対比や変化、展望など、言葉だけではイメージ仕切れない部分は、数字でその違いを明確にすることでしっかり「伝える」ことができる。

印象的なキーワードで 議論の軸を明確にする

　話の「軸」をぶれさせないことが「伝える」ために重要です。
　台本のあるプレゼンテーションでも、情報を詰めすぎて主題が薄まってしまい、聞いている方が「結局、何の話だろう？」と迷ってしまうことがあります。対面での対話や会議の場では、相手の意見や質問も加わることで、話の道がそれたり、別の話題に時間を取られたり、想定外のことが起きます。

　何となく議論は盛り上がったように感じても、ふり返ると肝心な点がやり取りされず、結局、何も進んでいない。そうならないためには、話題を議論の軸に元に戻すことを心がけましょう。
　しかし、「いや、今日、話したいのはそうではなく」と無理矢理に場を修正すると相手は「批判された」「横暴だな」とマイナスの印象を持つかもしれません。最初に「今日は前方の富士山を目指して歩きます」と方向性の軸を示しておけば、足元の花や周囲の風景に気を取られても、「富士山」のひと言で全員が元の道に戻れます。そうしたキーワードを最初に掲げ、常に主題を思い出すことで議論の軸に全員を集中させることができます。

　キーワードは、印象的なものを用意しましょう。誰もがいろいろなことを考えそうな一般的な言葉だと、逆に議論の幅が広がってしまいます。伝える側にしかない特別なキーワードを掲げるためには、意外な言葉を組み合わせると相手は「そのゴールを知りたい」と話し手の軸に注目します。

　たとえば「働き方改革」では、業務時間やシフト、ワーク＆ライフバランスなど個々の考える軸は多様です。「働き方」と「社員の健康」を組織全体の軸を持って考えたい。これは現在、多くの企業が取り組む「健康経営」という言葉で取り組まれています。「健康」は社員自身、「経営」は経営者判断として、従来異なる軸に思われていました。これを「健康経営」と1つのキーワードにすることで、社員は経営の寄与できる自己成長のための働き方を考え、経営層は離職率を下げ、生産性を上げる労働環境を整えるなど、両者が同じ軸を持って施策を考えることを可能にしました。

　たとえば「業務の効率化」なら「時短」ではなく、「面白い」「一緒に」「余裕」など従来とは真逆の言葉と掛け合わせる。一般的な議論で停滞したら、話を軸に戻すときは、「ところで『業務の効率化は余裕を生む』という提案ですが」と話の合間にくり返します。相手をこちらの軸へと引き戻すことができます。

ポイント

- 相手のいる対話や議論の場では、散漫になって身のない結果になることも。議論の軸がブレない進行を心がける。
- 議論の軸の共有には、キーワードを最初に掲げる。
- キーワードは印象的なものほど、集中力が維持できる。

「自分らしさ」を磨けるのは自分自身

自分の「良いクセ」は
残しておいていい

　ここまで見て来た「数字で全体像を明確にする」「キーワードで軸を持つ」などは、相手の理解を助け、話の現在地を共有することで「伝わる」確度を高めるものです。しかし、いずれもテクニックであり、それだけをくり返していると相手は「機械的な話し方」「気持ちや熱意が響いてこない」と感じ始めます。

　「伝える」が「伝わる」にゴールするのは、相手の心が動いた時です。最後の一歩を後押しするのは伝える側の個性です。

　著名なタレントで、その人の話なら聞き入ってしまう人を思い浮かべてみてください。黒柳徹子さん、タモリさん、明石家さんまさん、マツコデラックスさん……。それぞれ個性的な話術をお持ちです。そのスタイルは、とても安定していますが、決してワンパターンのくり返しではない。なぜでしょうか？

　それは、相手が求める「変わらぬ個性」に応えつつ、相手の心の動きを明確に捉えてその場の判断で確実に歩を進めているからです。話題の軸を常に言語化し、相手に考える機会を与え、話している事柄に意外なたとえ話で発見を生む。それらは「自分らしさ」を常に磨き上げることで対応力を上げてきた結果の「話術」

です。

　私たちが、日常においてそこまでに到達することは難しいですし、その必要もありません。とはいえ、単に「話の面白い人」では、議論を深め、相手に「伝える」能力を身につけることも叶いません。**テクニックだけに頼らず、「自分らしさ」を活かした話し方を磨く努力が必要です。**

　同僚や友人に協力してもらいインタビュアーになって質問している場を録音してみてください。その音声を自分で聞き返します。
　そこで注目して欲しいのは、「自分の発言に対する相手の反応」と「相手の発言に対する自分の受け答え」です。その場では気づかなかった、「あれ、相手は自分のこの言葉に興味を持ったみたいだけど、見過ごしていたな」「ああ、ここはもっと話を深めるために、もう少し質問するべきだったな」「あ。ここの間は、相手が『ちょっと違うけどまあいいか』と判断していたのか」など、その場の本質を発見することができます。

　自分の経験を自分で確認することで自分の「悪いクセ」と「良いクセ」が発見できます。「良いクセ」は残し、磨いていきましょう。それはテクニック以上に伝える側の魅力を高めてくれます。

ポイント

- テクニックだけでは「伝える」ことには限界がある。
- 伝える側は、他の人にはない個性を持つことで、「伝わる」確度が向上する。
- 自分の話し方や対話の場を自己確認し「良いクセ」を見つけて磨く。

わかりやすさには「見た目」も大切

視覚的情報を意識して「伝える」を補完する

本を「音読」することで、その内容をより深く理解できます。文字を追う視覚情報を脳で処理することに加え、耳から入る聴覚の情報をあわせて脳が処理し、複層的な情報解析が行われていると考えられます。

人間には、視覚・聴覚・言語理解などそれぞれ得意とする脳の処理能力が人それぞれにあります。一方で、得意とする感覚と「すでに知っている知識」を活用して素早い情報処理を可能にできるのです。

そういう意味では、得意な感覚と「すでに知っていること」以外に対しては、理解に時間や努力が必要だといえます。つまり「伝わらない」には、伝えたい先、相手側の特性も影響しているということです。

何かを伝えたいとき、事前に資料を準備し、そのプリントを配布したり、スライドを映したりしながら話すことが多いと思います。言語という音声情報と、資料という視覚情報、言葉への言語理解などを駆使しているため「伝える」ことに関して、スキのない準備といえます。しかし、往々にしてさほどの効果をあげてい

ないと感じることもあるでしょう。

　その理由として、発言そのままの資料、もしくはその内容を箇条書きにしただけの内容では、それを目で追うことでせわしなく、肝心の話に集中できません。また抽象的であやふやな図や画像の多い資料では、肝心な主題が何かを捉えにくくしてしまうだけです。自ら「伝わらない」環境をつくってしまっているのです。

　また、視覚情報には伝える側自身の「見た目」も含まれます。
　健康増進の生活習慣を説明している本人が疲れた顔では説得力がありません。社会課題の前向きな解決を提案しているのに、終始しかめ面で話していては、その未来に期待を寄せるのは難しいでしょう。余計な雑音を自ら発しているようなものです。

　豊富な語彙、正しい使い方、高い語彙力に加え、多様な活用、相手に合わせた話し方に加え、**視覚情報としての効果的な「見え方」にも気を配ると「伝わる」確度はさらに高まります。**

　表情は豊かに、項目を整理するなら指で数を示す、身振り手振りで間や区切りを意識させるのも効果的です。時には服やアクセサリーなどで「印象」を与えることも必要です。自分自身が「伝える」ための情報を発信していることを意識しましょう。

ポイント
- 人にはそれぞれ、視覚・聴覚・言語理解の得意がある。
- 話すことに加え視覚情報を提供することで「伝わる」確度が高まる。
- 自分自身の姿や動作が、視覚情報を発信していることを自覚し、積極的に活用する。

わかりやすい伝え方が できているのか確認する

　「伝わらない」ことを解決する方法をさまざまな視点から見て来ました。しかし、原点の「伝わらない」に立ち戻ると、多くの人に共通する「伝わらない」原因があるのです。

　誰かに何かを提案する。相手に何かを説明する。人びとの前で何かを話をする。その際、「伝わらない」ことを自覚できる人には、「自分が伝えられていない」という不安があります。その謙虚な姿勢は大切ですし、この章で紹介したチェックポイントや改善策を取り入れれば必ず「伝える」力は向上するでしょう。

　しかし、「伝わらない」原因がもう1つあります。相手に「伝わっていない」ことを自覚しない場合です。これは、自分に不安を持つ人とは違い、自分に自信があるからこそ「伝わっていない」と考えないか、もしくは気にしない人です。

　自分の伝え方に配慮が足りず、相手の理解が得られない場合もあれば、相手の知識が不足して理解を得られない場合もあります。いずれにせよ、ビジネスの場に限らず、日常生活においても**「伝わらない」を放置することは何も生み出しません。**

「伝わっている」のか「伝わっていない」のかは、常に確認する必要があります。

　相手の表情、応答、メモをとる動きなどに目を向けます。「興味を失っている」場合は自分から発する視覚情報も含めた再検討が必要です。相手の理解が追いつかず「わからない」ことが壁になっているなら、話し方の工夫を試みてみましょう。自分に原因があると自覚する謙虚さはなくても、「伝わる」ゴールにたどり着けないなら、改善の必要性を自覚することは必要です。

　相手に「伝わる」＝「理解している」かは、常に確認すると決めておくのもいいでしょう。「時間もだいぶ経ったので」と一息入れる区切りを設け、「ここまでで何か不明点はありますか？」「言葉や仕組みでわかりにくかったことはありませんでした？」と聞いてみましょう。実際に質問はなくても表情を観察し、笑顔や頷きではなく「曇る」「うつむく」「目をそらす」などがあれば、それは「伝わっていない」のサインです。そうしたときは「先ほどの話を少し言い換えて説明してみましょう」と説明し直すことや、「ここまで、こういう流れで話してきました」と数字も交えてふり返りの整理をすれば、「わからない」と感じていた人も再度集中して向き合ってくれます。

ポイント

- 「伝わらない」を自覚しないことは大きな問題。
- 常に「伝わっている」のかどうかを確認することを意識する。
- 「伝わらない」「わからない」は必ずある前提で改善を重なる。
- その上で、さまざまな伝え方のテクニックを活用する。

言葉のニュアンスを知り
使い分けを心がける

　「伝わらない」がなくなることがゴールではありません。むしろ「伝わった」からが本当の意味でのスタートです。自分が発した言葉、そこに込めた考えや提案、そもそも「伝えたい」と思った熱意……。それらが、相手に評価される段階に移ったのです。

　古来、日本には「言霊」という言葉があります。「人の発する言葉には魂がこもる」ことを意味し、何気ない発言でもそれはその人の「本心」「願い」であり、他者に影響するほどの力を持つと考えられました。発した言葉の延長線上で悪いことが起きれば、その責任を問われるという戒めも込められています。
　それほどに発言には責任が伴います。「伝える」とは、そうした戒めを自身に課すものだという意識を常に持ちましょう。

　SNSが日常生活に欠かせないものとなり、インターネット上での書き込みが大きく炎上することがあります。そうした考えなしの書き込みはしないと思っている人でも、常にSNSに接する環境に影響され、知らず知らずにメールや会話にネットスラング的な言葉を使ってしまったことがあるかもしれません。

　表層では、日本社会はまだまだ年齢や役職の上下関係が重要視されています。一方で、世代や性別の垣根をなくす姿勢が求められてもいます。そのため、もともと多様だった日本の言葉が誤用され、互いの関係性において「失礼」となる場合があります。

　社会の変化が加速化する中では、どれが間違いでどうすれば正解かを判断することは難しいのが実情です。だからこそ、個々の対人関係や、場の雰囲気、時々の自分の役割に**適した言葉を使い分けられるよう準備を怠らないことが、最終的に「評価を得られる伝え方」を自分のものとする上で大切なのです**。

　正しい語彙の獲得を怠らない。さまざまな状況で語彙を活用できるようテクニックを身につける。テクニックだけに頼らずに、自分の本質で相手の心を動かす伝え方をする。本章で見て来たことすべてが相乗効果を生み、言葉の伝え方が磨かれていくことでしょう。常に最適な言葉選びができる人は、語彙が多く、語彙力が高いことに加え、周囲が見渡せ、その場その場で気遣いができるからこそ、適切に言葉が使い分けられるのです。

　「あの人は言葉選びのセンスがある」「絶妙なニュアンスの語彙を持っている」。「伝わった」後にそう評価を得られるようになれば、「伝える」「伝わる」の価値もさらに高まります。

ポイント

- 「伝わらない」を克服し「伝わる」段階からが評価の対象。
- 言葉の使い方の正解が見えなくなった時代だからこそ、多くの語彙の獲得と高い語彙力が求められる。
- 「伝わる」ための「伝え方」を常に磨く姿勢が大切。

第5章

「何を書いたらいい?」
がなくなる
文章力の高め方

メールやチャット、SNS など、現代は文字によるコミュニケーションが当たり前な時代です。とはいえ、「何をどう書けばいいかわからない」という悩みを持つ人も多くいるでしょう。本章では、文章においての言語化のスキルを解説します。

「文章が書けない」のは、
書くべきことがわからないから

　いざ文章を書こうとすると何を書いていいのかわからなくなって、頭の中が真っ白になってしまう。そんな経験をされた方は多いのではないでしょうか。文章が書けない理由は、実は「書くべきことをわかっていない」のが原因です。書くべきことがわかっていないというのは、「頭の中が整理されていない」「伝えたいメッセージが明確になっていない」ということです。この点で「書くこと」と「話すこと」は同様の問題を抱えています。

　まず「頭の中が整理されていない」という問題から説明していきましょう。これは、頭の中にある考えやアイディアがまとまっておらず、文章に論理的な流れが築かれていない状態を指します。そのため、冗長でぐちゃぐちゃとした文章になってしまいがちです。文は人なりとも言いますが、論文を読んでいるとその人の頭の整理具合がよくわかります。思考が整理されないままに書かれている文章は、ダラダラと長くて何を伝えたいのかわかりません。

　一方、頭の中で書くことがすっきり整理されている人の文章は、短くシンプルです。そのため、わかりやすくて納得感があります。**これは文章力の差ではなく、書く前にどれだけ自分の頭の中を整**

理しているかの差です。

このとき実際に書く前に、「2つの軸を」立てて考えることであなたの考えを明確にすることができます（詳しくは次項で説明します）。次に「伝えたいメッセージが明確になっていない」とは、自分の「伝えるべきこと」「伝えたいこと」が明確に決まっておらず、「どうしてこの文章を書くのか」が定まっていない状態です。

「なんとなく、こんな感じのことを書きたいんだけど」などと、書きたいことを決めきらない思考のままでスタートするから、ぼんやりとした文章ができてしまうのです。

これを防ぐためには、漠然と頭に浮かぶ数々の思考の中から「自分はこれが書きたい」と1つに決め込んで取り上げることが重要です。社会人になると、企画書、議事録、報告書、メール、論文など、文章を使ってあなたの意志や状況を伝える機会がたくさん出てきます。楽しい社会生活を送るためにも、本章で「伝わる文章力」を高めていきましょう。

ポイント

- 文章が書けないことと、文章力は関係ない。
- 頭が整理されないままで書かれた文章は、ダラダラ長くなる。
- 伝えたいメッセージが明確でないと、ぼんやりした文章になる。
- これからの社会生活には「文章力」がますます必要。

まずは1つの軸を思いっきり書いてみる

　ここで、頭の中を整理する方法について述べておきましょう。この方法は、伝えたいメッセージを明確にするのにも役立ちます。企画書や提案書を書くときなど、多くの場面で活用できるでしょう。その方法とは、2つの軸を立てて考えを明確にすることです。人によってその軸はさまざまです。自分なりに考えてみたい軸から思考をスタートさせてかまいません。そして2つの軸が交差したところに、「あなたが伝えたいこと」が見つかるはずです。

　たとえば、あなたがお世話になった人に手紙を書くとしましょう。このとき、「あなたが書きたいこと」の軸と、「あなたが伝えたい人」の軸が交差するところに、あなたが書くべき手紙があります。あるいは、あなたが営業担当者なら「売りたい商品の特長」と「お客さんにとってのメリット」が交差するところに見つけたポイントを、お客さんへのプレゼン資料のための文章として落とし込めばいいのです。

　ただ「書くことを明確に決めてから書けといわれても」と、戸惑う人もいるでしょう。安心してください。これはトレーニングを重ねることで誰でもできるようになります。まずは一方の軸に

ついて考えたことを、思いっきり書き切ってみましょう。**頭の中にある考えをすべて出し切るつもりで、書いてみるのです**。もし書き終わったら、今度はもう1つの軸でも同じように深掘りしていきます。2つの軸を書き切ったとき、交差するところにあるのが「あなたが伝えるべき」ことです。

　文章が書けないと悩む人の多くは、実際に文章を書いた経験が足りていません。また、一度書いたらそれで終わりと思っているから「書くハードル」が高くなって、書けないと思い込んでいるだけなのです。実はプロの作家やライターは何度も何度も推敲して雑文を商品に仕上げていきます。書いたら読み返してブラッシュアップさせる。これを1つの流れとして体に刻みつけることで、自然と文章を書くことに慣れていきます。ひいては、2つの軸を立てて考える方法も上達していくことでしょう。
　最後に、初歩的な推敲のポイントについてまとめておきます。
①論旨は明快か
②同じことを何度も言っていないか
③不必要な情報は入っていないか
④文と文の流れはなめらかか
⑤つっかえることなく早く読めるか

ポイント

- 2つの軸を立てて考える。
- 頭の中のすべてを出し切る。
- 不要な情報はできるだけ削る。
- 「書いたら読み返して推敲」を習慣づける。

まずこれだけは覚えておこう

一文に1要素が基本

　スマートフォンを新しく買い換えようと家電量販店に行ったら、あなたが手にした商品を指して、販売員がこんなふうに商品の説明をしました。

> 「このスマートフォンは、バッテリー容量が他の商品よりも大きく、処理速度が速いので動画をサクサク見ることができて、おまけにカメラも動画も高画質でさまざまな加工もできます」

　おそらく多くの人は、この説明を聞いても理解できないでしょう。人はたくさんのことを一気に言われると理解しにくいのです。もし本当にその商品を買ってほしいと思うなら、**大事なことは1つずつ要素に分けて説明する**のがベストです。では、こんな言い方ならどうでしょうか。

「このスマートフォンは他の商品より、10時間は長持ちします。ですから動画の長時間録画や視聴も心配無用です。おまけに、カメラは高画質で、撮りたいものに合わせてAIが自動でピントを合わせてくれます。データ保存容量も大きいので、どれだけ撮っても大丈夫です」

前の例と比べると、商品の魅力がかなり浮き立ってきたのではないでしょうか。文章を書くときも同じです。1つの文章に、多くの要素を詰め込んでしまうと、相手は文章を読んでいる間に最初に書かれたことを忘れてしまいます。極端な話、読んでもまったく記憶に残らないということもあり得ます。それではうまく言語化できたとはいえません。「一文一意」という言葉があるように、1つの文章には1つの要素だけ書くことを心がけましょう。

スマートフォンが、働きの違ういくつかの部品で構成されているように、文章も、一文一要素の文章が組み合わさってできあがっています。相手の頭の中で要素が組み上がって1つの意味ができあがるような順番で、文章を書いていくのが基本です。また、一文一要素の文章を心がけると、必然的に文章が短くわかりやすくなります。

ポイント

- 人は一度に複数のことを理解することができない。
- うまい言語化は「一文一要素」になっている。
- 構造が複雑な文章は記憶されにくい。
- 一文一要素で書くと、文章は短くわかりやすくなる。

文章の「型」を身につける

5W1Hで文章を書く

「風姿花伝」という書物をご存じでしょうか。室町時代に生き、後の能楽に大きな影響を与えた能楽師である世阿弥の著作です。この書物の中で、芸事の熟達論について「序破急」という言葉を使って、説明しています。

まず序は、型をしっかりと守り、基本を習得する段階です。次に破は、型を活かしつつも、自分なりの工夫を加えていく段階です。そして急は、それまでの型を飛び越えて、自由自在に表現していく段階です。言語化においても同じです。自由な表現を目指す前に文章における序、つまり「型」を学ぶ必要があるのです。

前置きが長くなりましたが、その型が「5W1H」です。この型に沿って書いていくと、自分の考えが整理され論点が絞られた文章になります。具体的に言うと、

①いつ（When）
②どこで（Where）
③誰が（Who）
④何を(What)

⑤なぜ（Why）

⑥どのように（How）

　それぞれの頭文字をとって5W1Hの法則というのです。これを意識して伝えると、伝える情報が明確になると言われています。

　英語の授業では5文型やSVOといった文章の仕組みを教えます。ところが国語の授業では文章の「序」とも言うべき、5W1Hをしっかり習いません。学校教育で文章の組み立ての訓練がなされていないわけですから、文章をうまく書けないという悩みを抱える人が多いのは当たり前なのです。逆に言うと、5W1Hをしっかり習って自分の体と頭に刻み込むことができれば、言語化においてすぐに秀でることができるともいえます。

　そのための練習は、どんな文章でも5W1Hを意識して書くことです。このとき「つまらない文章だな」「私はこんなことを伝えたいわけじゃない」と思う人がいるかもしれませんが、そうした思いは無視してください。いまは世阿弥の言う序の段階なのです。まずは「型」を覚えるのが先決。

　意識して型を体と頭に刻み込むこと、それが思考を言語化する訓練にもなります。

ポイント

- 文章は「5W1H」という「型」が大切。
- 型があることで、自分の考えが整理される。
- 学校教育では文章の組み立ての訓練が不足している。
- 思考を言語化する訓練になる。

「結論」「根拠」「具体例」
3つのバランスを意識する

　書くことに迷ったら、「結論」「根拠」「具体例」という順番で、3つの文章をつくってみましょう。この「型」を使うと、迷うことなく「はじめの一歩」を踏み出すことができます。しかも、結論を最初に出すことで、読者に対して「自分が何を言いたいか」が明確になります。たとえば、こんな具合です。

結論「読書は言語化能力を高めるのに有効な方法です」
根拠「読書をすると語彙が増えるので言語化能力が高まります」
具体例「小説、ビジネス書、詩集など幅広いジャンルの本を読む」

　と、この「型」を使えば、簡潔に相手へ「伝えたいこと」「伝えるべきこと」が説得力を持って伝わるのです。逆に、このバランスが崩れていると、何を言っているかわからない文章になったり、説得力の弱い文章になったりしてしまいます。とかく日本人は「すべてを言わなくても相手は、ニュアンスで自分の意図を受け取ってくれるはずだ」と考えがちです。しかし、世の中には自分とは違う文化を背景に持っていたり、違う考えを持っていたりする人がたくさんいます。そんな「多様化の時代」だからこそ、

ちょっとした誤解からトラブルが起こることもあります。相手に自分の意図を正しく伝えるためにも、「結論」「根拠」「具体例」を漏れなくバランスよく伝えることが重要なのです。

たとえば、「最近、仕事の量が増えています。先日もAさんが退職してしまいました」とAさんが上司に報告したとしましょう。あなたが上司だとすればどう答えますか。「だから、何が言いたいの？」と答えるしかできないのではないでしょうか。これはAさんの言葉に「結論」が抜けていたために起こった出来事です。

このように話に「結論」が存在していなかったり、不明瞭だったりすると、相手は何を理解していいのかわかりません。たとえ「根拠」や「具体例」がたくさんあったとしても、肝心の柱となる「結論」があやふやなのですから、同じです。

では「根拠」や「具体例」が足りない場合はどうでしょう。今度は言いたいことはわかるものの。なぜその結論が出てくるのか説得材料が弱いと読み手は思うはずです。**何か考えを思いついたときには「結論」「根拠」「具体例」という、3つの短い文章に切り分けてみてください**。そうすることが、あなたの言語化能力を高めることにもなります。

ポイント

- 文章は「結論」「根拠」「具体例」で分けてみる。
- 「言わなくてもわかる」は絶対ない。
- 「結論」はあくまで明確に。
- 「根拠」と「具体例」が弱いと説得力も弱くなる。

まず相手に理解させる

結論を先に書く

　落語では本編に入る前にする四方山話を「まくら」などと言います。座を温めて本編を盛り上げるために落語家は「まくら」を話したりするわけですが、ビジネスシーンにおいて「まくら」は必要ありません。

　最初に結論を書く。それ一択です。「自分は相手に何をしてほしいのか」を真っ先に書くことが、相手に対する正しい心づかいになります。そして、相手に「自分はどうしたらいいのか」を明確に認識させようとするなら、シンプルな構造の文章で書くのが正解です。

　逆に結論までの文章の構造が複雑で長くなればなるほど、相手は疲れてきます。理解しようという気も失せていくでしょう。だからこそ、**文章を書くときには、自分が伝えたいことから先に書くべきなのです。**その上で「なぜ、そんな結論になるのか」「その結論で進めた結果、相手は何を得るのか」といった補足説明をしていくのが理想的な文章の流れです。

　もう1つ、役に立つ文章の「型」をご紹介しておきましょう。「起

承転結」はご存じでしょう。私たちの世代は、文章はこの展開を持って進めていくものだと教えられてきました。中国の漢詩——中でも絶句と呼ばれる種類の漢詩は、この構成で紡がれていました。この変化型で「結起結承結結」と呼ばれるものが今回おすすめする「型」です。

「結起結承結結」では、頭からガツンと結論を述べます。そして、「起」としてこの文章におけるテーマとは何か、話を進めていく前に知っておくべきことなどを説明します。次に「結」は、「起」で話をしたテーマや問題提起の結論について触れます。「承」は、「結」で話した結論の根拠を説明したり、具体例などを出したりしながら詳しく説明します。そして「結」は、「承」の内容を受けて、再び結論を強調します。最後の「結」は、ダメ押しで結論を強調して強く印象づけます。

実は英語の文章を読んでいると、よくこういった構造の短文を目にします。何度も結論を言う構造になっているので、内容が理解されやすいのです。

まず結論から文章をはじめる。それだけで、より相手の心に届く文章になります。ぜひ心がけてみてください。

ポイント

- 最初に結論を書くのが相手への心づかいにもなる。
- 「結論」→「補足説明」で文章は書く。
- 「結起結承結結」で文章を組み立てる。
- 何度も結論を伝えて印象づける。

「何がどうしたのか」が
はっきりわかる文章に

　「犬が歩く」「父が笑う」といった文章は、「何がどうしたいか」がすぐにわかります。なぜなら主語と述語の距離が近いからです。「何が」「誰が」に当たる文節を主語、「どうする」「どうした」「何だ」「ある」に当たる文節を述語と言います。

　主語＋述語は、文章の構造の基本であり、骨格です。この主語と述語の距離が近いと、文章の構造を素早く相手に知ってもらうことができます。だからこそ、「何がどうしたいか」もはっきりわかってもらいやすくなります。たとえば、次の文章を読んでみてください。

> 「この提案書には、市場の動向と、内容の面白さ、売上見込み額と、ターゲットという4つの要素が書かれている」

　この文章では「提案書は」が主語で、「書かれている」が述語です。ご覧のように、主語と述語の間に4つの情報が盛り込まれています。そのため主語と述語の距離が遠くなり、「何がどうしたか」がわかりにくくなっています。では、主語と述語を近づけ

て距離を近づけて、文章を2つに分けてみましょう。

> **「この提案書には、4つの要素が書かれている。市場の動向と、内容の面白さ、売上見込み額と、ターゲットだ」**

今度はどうでしょうか。「何がどうした」が冒頭でまとめられているので、スッキリと読みやすくなっているのではないでしょうか。すると「この提案書には4つの情報が書かれているのだな」と読者は文章の意図を理解して、4つの要素を追いながら提案書を読んでくれます。結果として、提案書の内容が記憶されやすくなります。

思いのままに文章を書いていると、いつの間にか長くなって、しかも「結局、自分は何を言いたかったのだろう?」という袋小路に迷い込んでしまうことがあります。そんなときこそ、文章を切り分け、主語と述語を近づけることが重要なのです。主語と述語の間には、できるだけ言葉を入れない。そうすると「何がどうしたのか」がはっきりわかる文章になるのです。

ポイント

- 主語+述語は文章構造の基本であり骨格。
- 主語とは「何が」「誰が」。
- 述語とは「どうした」「どうする」。
- 主語と述語を近づけることを意識する。

余計な言葉は削除する

　一度書いてから文章を読み直してみると、意外に無駄な言葉を使っているものです。「頭に浮かんだこと」を文章として言語化したときに出てくる余計な言葉は、思い切って削ってしまいましょう。

　なぜ余計な言葉を入れてしまうのかというと、理由が3つあります。会話をするときに使っている言葉のクセが出てしまう。より情報を詳しく伝えたいと思う心が強くなりすぎてしまう。自分が書いた事実や意見をはっきり断定してもいいのか迷ってしまう。こうして生まれた余計な言葉は、相手が文章を読むリズムをとめてしまいます。あなたが本当に伝えたいことも、伝わりにくくなるので、削った方がいいのです。

　とはいえ「文章のどの部分が無駄なのかわからない」という人も多いでしょう。余計な言葉は無意識のうちに書いていることが多いので気づきにくいのです。しかし、それゆえに文中には確実に余計や言葉が存在しています。
　削りすぎてしまった結果、情報不足になって意図が伝わりにく

くなりはしないだろうか。そう心配する人もいるでしょうが、文章を削る勘所さえわかっていれば大丈夫です。ではその勘所について述べていきましょう。**まず、文章の骨格となる要点に注目することです。そして、それを伝えるために、「果たしてこの言葉は本当に必要なのだろうか」と考えてみましょう。**たとえば、「○○の方」「○○かどうか」は削除してかまいません。

「報告書の方はご確認いただけましたか」
→「報告書はご覧いただけましたか」

「集客告知に広告を出すかどうか悩んでいます」
→「集客告知に広告を出すか悩んでいます」

　これは会話をするときに使う言葉のクセが出てしまっているので、省略しても問題ありません。また、「信号を左に曲がると、すぐに黄色い屋根のケーキ屋さんが見えてきます」などの「黄色い屋根」は、そうです。ケーキ屋さんは信号からすぐの距離にあるので説明はいりません。よって省略することができます。このように、削っていい勘所が自分でわかるようになれば、必要な言葉は残したまま「要点だけが目立つ、短くて読みやすい文章」を書くことができるようになります。

■ ポイント

- 一度書いて読み返すと、余計な言葉が見つかる。
- 会話のときに使う言葉のクセは省略できる。
- 詳しすぎる説明は削除することができる。
- 削る勘所をつかめば、短くわかりやすい文章になる。

言葉を見直して、
意味の重複に気をつける

　言葉の意味をしっかりしていないとやってしまいがちなのが、意味の重複です。たとえば「まず最初に」「受注を受ける」「隔週おきに」といった表現は、同様の意味を持つ言葉が重なっています。会話ではやってしまいがちですが、文章においてはやめておきましょう。

　「まず」とは「最初に」という意味です。「受注」とは「注文を受ける」という意味です。そして、「隔週」とは「1週間おきに」という意味になります。いずれの言葉も意味が重なっていますね。**言葉の意味を知っている人が読めば「何をくどいことを言っているんだ。この人は言葉を知らないのか」と思われてしまいかね**ません。例外として、感情を込めるという意味で「よくよく考えてみます」といった表現をすることもあります。しかし、文章を短くしたい場合は「考えておきます」だけで結構です。

　重複した表現には、こういったものもあります。できるかぎり短くしていきましょう。

「重複表現をしてしまう理由としては、言葉の意味を知らないという理由が考えられる」
→「重複表現をしてしまう理由は、言葉の意味を知らないことが考えられる」

「お客さまがおっしゃるには、注文が来るのが遅いとおっしゃいました」
→「お客さまは、注文が来るのが遅いとおっしゃいました」

「私がほっとしたのは、締め切りが間に合って安心したからです」
→「私は、締め切りに間に合って安心しました」

　ついやってしまいがちな重複表現ですが、いたずらに文章を長くする原因ともなります。

　ちなみに、擬音語や擬態語などで同じ言葉を続けて書くときも注意が必要です。「ジャブジャブ洗う」「ゴロゴロと雷雨が降ってきた」などが例として挙げられます。これらを使うと、相手に子供っぽい印象を与えてしまいます。子供を相手に書くときは別として、ビジネスやオフィシャルな文章では使わないように心がけましょう。

ポイント

- 言葉は意味をしっかりつかんで使う。
- 言葉の意味の重複は避ける。
- 一文の中に同じ意味の言葉を入れない。
- 擬音語などの重複表現は子供っぽい印象を与える。

主語を統一して、
文章をできるだけ省略する

> 「彼は訪問営業を５件こなしつつ、彼の目標達成のために新規
> 顧客の開拓をします」

　この文章では、一文の中に２つの主語が入っています。このように**同じ文中で「人」と「物」が主語になっていたら、一方の主語を省略することができます**。文章には必ず主語がないといけないと考えている人がいますが、日本語は主語がなくても意味が通じる場合があるのです。ですから、先の文章は次のように省略できます。

> 「彼は訪問営業を５件こなしつつ、目標達成のために新規顧客
> の開拓をします」

　これは「私」であっても「これは」であっても同じです。文章をわかりやすくしたいときには、主語を省略して文章を短くすることでスッキリします。主語について、もうすこし話を勧めてみましょう。主語が統一されていない文章というものがあります。たとえば次のような文章があります。

> 「彼はイスに腰掛けました。店員さんが紅茶を持ってきてくれ
> ました。彼は一口飲んで、私に話をはじめました」

　この文章では、彼、店員さん、彼と、主語が移り変わっていきます。このように主語がめまぐるしく変わっていくと、読み手は「誰が何をどうしているのか?」と理解しづらくなります。言語化することにまだ慣れていない人の場合、ついこうした文章を書いてしまうこともあるでしょう。主語はできるかぎり統一し、文章を短くするのがベストです。

> 「彼はイスに腰掛けました。店員さんが紅茶を持ってきてくれ
> たので、一口飲み私に話を始めました」

　このように整理すると、一文に主語は1つとなり読み手の混乱を防ぐことができます。主語はできるかぎり統一する。それを覚えておいて実践するだけで、あなたの文章は、より相手に理解されやすいものになります。

ポイント

• 主語がバラバラだと読み手が混乱する文章になる。
• 一文に主語は1つだけ。
• 主語がなくても意味が通じる場合がある。
• 主語はできるだけ統一し、一文を短くする。

接続詞は最小限に！

　接続詞とは文章と文章、あるいは文節と文節につながりをつくり、関係を明確にする品詞です。**接続詞を使うと、文章と文章がスムーズに流れていき、読みやすくなります。ただし、使いすぎると、文章の理解を妨げます。**次に示すように接続詞には、いくつかの種類があります。中でも多用を控えたいのが逆接の接続詞です。

・順接「だから」「そこで」「よって」
・逆接「しかし」「でも」
・並列「また」「同じく」
・添加「そして」「さらに」「しかも」
・対比「一方」「逆に」
・選択「または」「それとも」
・説明「なぜなら」

　逆接の接続詞は、前提となる条件と結果が違うときに「しかし」とつなげて、その関係を示します。しかし何度も逆接でつなげてしまうと読み手は意味がとれなくなります。たとえば「1 + 1 は

2である。しかし−1＋1は2ではない。しかし−1×−2は2
である」となり、読み手としてはいったい何を言いたいのかと混
乱してしまいます。同じような例としてとくに気をつけたいのが、
接続助詞の「が」です。「が」を使うと、文章をダラダラと続け
ていくことができるため、使わない方がいいのです。

> 「私は書誌学者だが、膨大な資料を必要とする。さまざまな場
> 所へ書誌の見学に移動するが、いろんな土地に行ける楽しみ
> もある」

> →「私は書誌学者だ。膨大な資料を必要とする。様々な場所
> へ書誌の見学に移動する。いろんな土地に行ける楽しみもある」

　このように「が」の部分で文章を切り分けると、全体的にスッ
キリとして読みやすくなります。ちなみに接続助詞には、「○○が」
の他に、「○○から」「○○ので」「○○のに」「○○けれど」○○
と」などといった種類があります。いずれも多用すると文章がダ
ラダラとつながっていく原因になるので、注意が必要です。

ポイント

- 接続詞は上手に使うと文章の流れが滑らかになる。
- 接続詞の多用は読みにくい文章をつくる。
- 逆接の接続詞は控えめに使う。
- 「○○が」は、使い過ぎると文章がダラダラ長くなる。

句点で改行して
文章を整理する

　原稿を書いているときに興が乗って編集者と約束していた文章量をオーバーしてしまうことがあります。書籍の企画ならある程度の融通はできるのですが、雑誌などへ寄稿の場合はそうはいきません。厳密に文字数が決まってることがあります。こんな場合は、**一行の中で文字数を減らすというよりも、まるごと一文をカットしてしまう方がうまくいきます**。私がときどきやっている方法をご紹介しましょう。

　まずは文章量については考えず、そのとき決めたテーマについて書きたいだけ書き尽くします。最後まで書き尽くしたところで、今度は句点をもとに改行していきます。その上で自分が書いた文章を読み直していきます。すると、文章の前後関係からするとつながりがなかったり、同じような内容の文章が見つかったりします。もし見つかったら、その一文を削ってしまいます。たとえば、こんな具合です。

A　本の内容を読み取るとき、本質を見抜くには客観的な視
　　点で本を読む必要があります。

B 客観的でなければ、本質からズレたことを読み取ってしまいます。

C 客観的に本を読む秘訣に簡単な方法があります。

D それを知れば、速く読むこともできるようになります。

E それは、著者の意見に「絶対賛成」という態度で臨まないことです。

F 「本当かな?」と疑ってみるのです。

G 本に書かれていたことに対して、たとえ賛同したとしてもあえて反対の意見を考えてみる。

この文章で本当に伝えたいのは、Cの「客観的に本を読むための方法です」。その点からいうと、AとBでは似たようなことを述べています。EとFも同様です。DはCとあまり関係のないことを述べています。結果として、この文章からはB、D、Fの文章をカットすることができることがわかります。

このように、読み直しては、削りを繰り返しているうちに、ちょうど都合のいい文章量になります。またこの時点で不要な文章も削られているので、要点だけで構成された内容の濃い原稿ができあがります。

ポイント

• 書きたいだけ書き尽くす。

•「文字数単位」ではなく「行数単位」で、文章量は調整する。

•「重複」と「関係性」で削る文章は決める。

• 行数で削ると、要点だけで構成された原稿になる。

読点が多い文章は
読みにくくなる

　読点が１つ増えるたびに、読み手はそこで一度立ち止まります。あまりにもしばしば読むことをストップさせると、内容が頭に入らなくなります。読点はできるだけ少なめに、文章の流れが滞らないように心がけましょう。例を挙げてみます。

> 「結論がない話は、相手に話したところで、単なる相談事か、世間話の域を出ない」
> →「結論がない話は相手に話したところで、単なる相談事か世間話の域を得ない」

　前者と後者を比べると、文章がスッキリしたのがわかるでしょうか。読点一つあるかないかで、文章の読みやすさは変わってきます。長い文章なのに読点がないのも読みにくいものですが、読点が多すぎればまた文章の流れを止めてしまいます。この点、言語化の法則として覚えておきたいものです。

　言語化力が高まる読点の扱い方を覚えたところで、句点の扱い方についても述べていきましょう。句点の役割は、文章の終わり

を表すことです。終わりの見えない文章は、読んでいて疲れてきます。**文章は短く分けると、スッキリとして読みやすくなります。**書いてはみたものの、ちょっと一文にしては長すぎたかなと感じた場合は、2つ、ないし3つの文章に切り分けてみるとうまくいきます。実際にやってみましょう。

「先生が参照した論文を手に入れて読み直し、先生がこれらの論文をどのように読み解いているのかも検証し、必要があれば論文に関係することが起こった場所を訪れることもしました」

→「先生が参照した論文を手に入れて読み直しました。先生がこれらの論文をどのように読み解いているかも検証しました。必要があれば論文に関係することが起こった場所を訪れることもしました」

一文を句点で3つの文に切り分けてみました。かなりスッキリしたのではないでしょうか。句点には他にも、文章のリズムを整えたり、文章の意味を明確にする役割があります。

ポイント
- 読点が多いほど、文章の流れは滞る。
- 読点一つで、文章の読みやすさは変わる。
- 長文は、句点で2〜3個の短文に切り分ける。
- 句点は文章にリズムをつくり出す。

「○○という」の文章は要注意

削除しやすい言葉を知る

　読みやすい文章を書くためには、一文にある余計な,贅肉を削っていくことが大切です。いわば言葉のダイエットですね。まず削りやすいのが無意識に使ってしまっている言葉です。ここでは３つの言葉を挙げておきましょう。まずは、「○○ていく」です。例文をご覧ください。

「トップ同士が協力していくことで、一企業の枠を超えたスケールの大きな事業が実現できます」
→「トップ同士が協力することで、一企業の枠を超えたスケールの大きな事業が実現できます」

　次に「○○いる」もカットしやすい言葉の１つです。

「営業を担当している人は、顧客情報を大切にしています」
→「営業を担当する人は、顧客情報を大切にしています」

　最後に「○○という」です。

> 「仕事というものは、言語化の能力によって成果が左右されます」
> →「仕事は、言語化の能力によって成果が左右されます」

　かなり短く削ることができましたね。

　ちなみに、もう1つ知っておくと文章をスリムにできるコツがあります。私たちが日本語として言語化している言葉には、基本的に和語と漢語があります。日本語の品詞の中で動詞の漢語は和語にすることで、文字数を少なくできます。漢語とは中国から入ってきた言葉が日本語になったもので、「学習」など音読みの熟語は漢語です。逆に昔から日本にあった言葉が和語で、「学ぶ」など訓読みの熟語は和語です。文章で例を挙げてみましょう。

> 「およそ2000年前、弥生時代の古代遺跡について調査することになった」
> →「およそ2000年前、弥生時代の古代遺跡について調べることになった」

　この場合「調査する」が「調べる」に置き換わったことで、一文字少なくなりました。文字数にすればわずかなものですが、塵も積もればなんとやらで、積み重なるとかなりの文を削ることができます。

ポイント
- 言葉の贅肉はできるだけ削る。
- 無意識に使っている「○○という」はすぐ削る。
- 動詞の漢語は和語に変えると文章がスリムになる。
- 塵も積もれば「文章の贅肉」は少なくなる。

「可能性があります」は、要点がわからなくなる

　日本人は話をしても真意がなかなかくみ取れない——。海外の企業や人からよく言われる言葉です。確かに、日本人には断定することを避ける傾向があります。彼らからすれば、だからこそYESなのかNOなのかはっきりしないというのです。ところが、遠回しな表現に慣れている日本人は「NO」というつもりで話したはずが、なぜか話が「YES」で進んでいて、「一体どういうことだ」と混乱してしまいます。

　文化の違いといってしまえばそれまでですが、遠回しな表現は文章をわかりにくくします。もともと、「こうだ！」と言い切る自信がないため「○○かもしれない」「○○と言われている」「○○だろう」「○○のようだ」「○○らしい」「○○と考えられる」などと婉曲表現を使ってしまうのです。そんな背景から述べるなら、婉曲表現はスッパリ斬ってしまってかまいません。その方が、読みやすくなります。

　婉曲表現と同じく日本人がよく使う言葉に「逃げ」の表現があります。「可能性がある」なども、「あり」か「なし」かどちらと

もとれる要点をぼかす表現です。「それぐらい察してくれよ」という気持ちもわかりますが、**ビジネスの現場では曖昧な答えが混乱を巻き起こします。ここは「相手にどう動いてほしいのか」を明確に伝えることが大切です。**

> 「これ以上決断を伸ばすと、他社に案件の権利を奪われてしまう可能性があります。」
>
> →「これ以上決断を伸ばすと、他社に案件の権利を奪われます」

「可能性があります」という言葉は、相手に「状況を察してもらうことを期待するニュアンス」があります。その結果、文章も長くなりがちです。しかし、「察してほしい」というメッセージをカットしてしまえば、文章は短くわかりやすくなります。「逃げ」の表現の中には、例外を示すことで、要点をごまかすという表現もあります。たとえば、「原則として」「基本的に」「一般的に」「通常」などが挙げられます。こうした言葉も、カットしても問題はありません。婉曲表現の悪いところばかり述べてきましたが、直接的な表現で相手の顔を潰さないため、あるいは上から目線な言い方だと相手に思わせないためなど、他人を慮った、日本人らしい、よい表現でもあります。要は使い方しだいだということです。

ポイント

- 遠回しな表現は文章をわかりにくくする。
- ビジネス文書では「どう動いてほしいか」を明確に書く。
- 基本的に「基本的に」を削ると文章はスッキリする。
- 遠回しな表現にもよい面はある。

ポジティブな表現に言い換えを

ネガティブな文章は
長くなりがち

　ネガティブな文章が長くなってしまう理由は、「なぜダメなのか」という説明を必要とするからです。また「怒り」や「悲しみ」というマイナス感情を文章として表現しなくてはなりません。結果として文章が長くなりがちなのです。しかし、**ネガティブな文章は、ポジティブに言い換えると、文章がスッキリします。**

> 「打合せが終わるまで、参加できません」
> →「打合せが終わったら、参加します」

　前者と後者を比べてみると、後者の方が少ない文字数になっています。前者を否定文、後者を肯定文と言います。両者を比べると、後者の方が文章のポイントがはっきりとします。もう1つ例を挙げてみましょう。

> 「細部にこだわりすぎてしまう気持ちは、わからないわけではない」
> →「細部にこだわりすぎてしまう気持ちは、わかる」

このように肯定文に言い換えることで、文章がスリムになります。否定文の一種に「二重否定」があります。文章の中に否定のニュアンスを含んだ言葉が2つ以上含まれる文章についてそう言います。

「情報漏洩を防ぐため、社内のパソコン以外は使用しないでください」

→「情報漏洩を防ぐため、社内のパソコンを使用してください」

この文章では「以外」と「しない」が否定語です。「以外」をカットし「しない」を肯定文にすることで、文章はスッキリします。また「嫌いなわけではない」「悪くはない」などと言った二重否定は、否定を否定しているので肯定の意味を持ちます。

ただネガティブな言葉が相手に与える印象はマイナスです。できることなら、否定語はポジティブに言い換えた方が、相手に対する印象もよくなるでしょう。

ポイント

• ネガティブな文は、ダラダラ長くなる。
• ポジティブに言い換えると、文章はスッキリする。
• 二重否定は肯定の意味もある。
• ポジティブな表現は、相手に対する印象をよくする。

語彙力があれば短い文章をつくることができる

　文章を書いていると、「これ以上はもう削ることができない」という状況に遭うことがあります。そんなときこそ、これまで学んだ語彙の出番です。説明の文章を熟語に置き換えることができれば、大幅カットも可能です。次の文章を読んでください。

「プロとしての、自信や振る舞いを感じます」

　意味はわかるのですが、なんだか気が抜けたような、もっと言いようがあるような思いがする文章ですね。では、次の文章ではいかがでしょう。

「プロとしての矜持を感じます」

　２文とも書いている内容は同じです。しかし、後者の文章の方が短く引き締まっている気がしませんか。これが「語彙力」の力です。もう１つ例を出してみましょう。

「試合は、彼が思いのままに振る舞う結果になった」

→「試合は、彼の独壇場になった」

「独壇場」という言葉に説明を入れ替えたおかげで、文章はずいぶん短く、そして明確になりました。このように、語彙力があれば、文章をスッキリと読ませることができるのです。つまり**知っている言葉の数が多ければ多いほど、文章を短くすることができる**わけです。

語彙力を高めることの効用はそれだけにとどまりません。まず、語彙力が豊かな人は言語化能力にも長けています。頭の中にある茫洋とした考えを明確な形と意味を持ったものとして文章化することができるでしょう。そのため、企画書や報告書などのビジネス文書においても、社会人としてふさわしい表現が得意になります。そして豊かな語彙力から紡ぎ出される魅力的な言葉は、相手の心をつかみ、自分の意図通りに相手に行動を促します。

また、執筆においては、知らずにやってしまいがちな幼稚な表現を避け、思慮に富んだ文章を書くことができます。語彙力の高め方については、３章でも説明しています。本を読み、文字の意味を調べ、自分の物にしていく。そうした積み重ねがあなたの語彙力を高めてくれるでしょう。

ポイント

- 語彙力を高めると文章のIQが上がる。
- 言語化能力は、語彙力に比例する。
- 語彙力強化でビジネス文書のグレードが高まる。
- 説得力ある文章は語彙の活用にある。

口語と文語の2種類を
うまく使い分ける

　口語と文語。文章には2つの種類があるのをご存じでしょうか。日常会話の場で使われるのが口語です。普段の生活で用いられるだけあって、表現としては柔らかい感じになります。一方で文語は、文章を書く際に使われる言葉です。感情ばかりではなく思考を伝えるための言葉でもあるので、口語に比べると硬い感じになります。

　誰かとコミュニケーションを取るときにはくだけた表現を使うので、文章においても口語を使ってしまう場合があります。とくにSNSなどではかしこまった物言いをする必要がないので、口語で文章を書くことが普通になってきています。

　とはいうものの、ビジネスの現場では硬い表現が好まれることもあり、**ビジネスパーソンらしい表現としては、文語に軍配が上がるでしょう**。何より、口語を文語にすると文章を短くすることができます。文章としてスマートな印象を与えるので、心がけておくと何かと便利です。実際に例を挙げてみましょう。

> 「今後、人間はAIに仕事を奪われるのではないかということが言われている」
> →「今後、人間はAIに仕事を奪われるのではないかと語られている」

　口語を文語に言い換えるときのポイントは、普段同僚に用いている言葉を「社長に対してならどう使うか」というような意識を持つことです。

　たとえば口語の「ということが言われている」などは、文章を書くときも使ってしまいがちです。しかし、「語られている」と文語表現にすればより短くすることができます。

　会話では「〇〇に行って、〇〇に行って」「〇〇をして、〇〇をして」という表現は気になりません。しかし、文章にしてみると、ダラダラとした文という印象を与えてしまいます。

　そのため、文語の場合は「〇〇に行った。〇〇に行った」「〇〇した。〇〇した」と句点で文を切り分けた方がスマートです。

ポイント

- カジュアルな場では口語を使う。
- フォーマルな場でが文語を使う。
- 口語は文語に直すと文章が引き締まる。
- 「社長に伝えるつもり」で文語は書く。

わかりやすく伝えるには
「要約力」も必要

　書類、メールや、チャット、SNSなど、文章を介したコミュニケーションが、近年増加しています。それにともない、相手の時間を奪わない文章の書き方が、すべてのビジネスパーソンに求められています。そこでぜひ鍛えておきたいのが、文章の要約力です。不要な情報を削除し、大事なことだけを短く簡潔に要約した文章を書くことができれば、相手に説明・提案・相談する時間も少なくてすみます。**要約力を鍛えることで、相手が文章を読む負担は格段に減り、書かれた文章を理解してもらいやすくなります。**また要約という作業は文章を読んで要点を確認し、再構成して短くまとめ直すことです。こうした要約のトレーニングを重ねることによって、あなたの自身の論理力や読解力まで鍛えることができるのです。

　では、どのようにすれば要約力は身についていくのでしょう。本を読んだら、読みっぱなしにせず内容を自分なりにまとめて整理してみると要約力は身についていきます。おすすめしたいのが、１章を40文字にまとめることです。たいていの本は６章くらいの目次構成になっています。そこから計算すると、１冊の内容

は240字に要約できることになります。いきなり40字に要約するというのは、慣れていないと難しいでしょう。まずは1章につき15の文章にまとめることからはじめてみましょう。

　ポイントは2つです。まずは「この章にはどんなことが書いてあったのか」「どんな問題提起がなされ、どのような方法で著者はそれを解決したのか」を意識しながら本を読んでいきます。そして2ページにつき1個、「これは重要だ」と思った文章に線を引いてください。1章は30ページなので、読み終えると15行の文章がピックアップされていることになります。それから、あなたが線を引いた部分を読み返しつつ、文章を要約してみてください。
　最初は80字を目指してみましょう。
　「30ページ→15行→80字→40字」と、このように文章を短く要約していくのです。もしこれが難しく感じた人は、要約についてはひとまず棚に上げてその章についての感想を書いてみましょう。そうすることで、その章の記憶を頭の中から引き出すのです。このとき思い出したことは、その章において重要な要素である可能性が高いです。それをそのまま書いていけば、要約文に近いものが完成します。要約力が高くなれば書く力だけでなく、会話の質も向上します。言語化能力を高めていくためにもぜひ取り組んでみましょう。

ポイント

- 近年、文章を介在したコミュニケーションが増えている。
- 要約力はビジネスパーソンに必須の能力。
- 1章を40字に要約するトレーニングをする。
- 要約が難しければ、感想を書くことから入ってみる。

原著と翻訳書の読み比べや、漢詩に触れる

　文章力を高める方法の1つとして、英語で書かれた記事や書籍を読んでみるのはおすすめの方法です。英語なら読むものは何でもかまいません。あなたが好きなジャンルのものから選んでみてもいいでしょう。**たとえば、ビジネス書の翻訳書と原著を読み比べてみると、英語の文章が要点を伝えることを重視する構造になっているのがよくわかります。**英文の記事は、一文が短く、たいへん理解しやすいようにできています。インターネット上でも多くの記事を読むことができます。

　もし書籍を読みたいというのであれば、プロジェクト・グーテンベルクと言うインターネット上の図書館で、著作権の切れた書籍を無料でダウンロードすることができます。ちょうど日本の青空文庫のようなものですね。このように教材はたくさんあるので、それを使って要約してみてください。要約力がめきめきと上がっていくのを感じることができるはずです。

　もうひとつ注目したいのが漢詩です。漢詩のすごいところは文章にすると何百字に及ぶ内容を、たった数十字で表現してしまっていることです。圧倒的な要約力といえるでしょう。それだけに

漢詩を読むといわゆる行間を読む力が身についてきます。唐の時代の、杜甫という詩人による漢詩「絶句」を例にあげてみましょう。

江碧鳥愈白　山青花欲然
今春看又過　何日是帰年

〈現代語訳〉
長江は深い青緑色、飛んでいく鳥はだんだん小さくなって見えなくなる。
新緑の山は青々と、花は燃えるように赤い。
今年の春もまた、あっという間に過ぎていってしまう。
いつになったら故郷に帰れるのだろうか。

　杜甫が故郷を懐かしみながら、目の前の美しい春の景色を眺めているという詩ですが、故郷への恋しさや寂しさが直接的に歌われているわけではありません。すべてを説明することなく、たった20文字で、大自然の美しさと杜甫の望郷の思いの対比が表現されているのです。このように、文章を凝縮する感覚を養うためにも、ぜひ漢詩に触れる機会をつくってみましょう。

ポイント

- 翻訳書と原著を比べて読んで言葉の構造を学ぶ。
- 英文の構造を参考に日本語の文章をつくってみる。
- 漢詩の言葉を凝縮力を見習う。
- 漢詩を読めば行間を読む力が身につく。

なかなか書けない人は
本を書き写して音読する

　本や記事を読んでいて、「これは面白い表現だな」という文章を見つけたら、実際に書き写してみましょう。文章のリズムや、つくり方を体でつかむことができます。余裕があれば、音読もしてみるとベストです。文章を書き写す効果がさらに高まります。「なかなか文章が書けない」という人は、苦手意識もあってか文章を最後まで書く経験が不足しています。

　そこで、**まずは「書き写して、音読する」という経験を積むことで、文章に触れて書くことに自分を慣れさせるのです。**自分の好きなテーマ、あるいは著者の本で練習すると、楽しみながら文章力を高めることができます。

　書籍には単行本、文庫本、新書と種類がありますが、私がおすすめするのは新書です。新書には、本のテーマを興味深く読んでもらうために、謎解き形式で話を展開させるなど、さまざまなパターンがあります。○○節とでもいえるような、著者独自のパターンもあります。面白くて、人に伝わる文章の書き方を教えてくれます。書き写し、音読してみると、それらのパターンが身につきます。

　そこまでくれば文章を書くときに、「何を書いたらいいかわからない？」という不安がなくなり、「今度はどのパターンで文章を書いてみようか」などと心に余裕を持って楽しみながら文章を紡いでいくことができます。また文章を要約する力も鍛えられていることでしょう。文章を書くことと、プレゼンテーションのコツは同じだと言えます。「要点をわかりやすく伝える」「人が驚く仕掛けをつくる」。この2つができれば、文章を話すことも人と話をすることも同じでしょう。文章を書き写し、音読することは、それを可能にしてくれます。

　最後に中級編として新聞記事の活用法です。新聞の社説を読むことをおすすめします。社説とは、政治や社会一般の問題に対する新聞社としての意見や主張を書いている記事です。いわば「社の顔」だけあって文章的にも優れたものが多いです。社によってそれぞれ特徴があるので、自分の考えに合った新聞社の社説を読んでみてください。

　通り一篇に流し読むのではなく、各段落で何が書かれているかをしっかり読んで要約文をつくってほしいのです。その上で、今度はその要約文を見ながら自分なりに文章をつくり直してみるのです。いわば文章の再構築ですね。これを習慣にしていくことができれば、文章力は格段に上がっていくでしょう。

ポイント

- 文章に触れ、書く経験を圧倒的に増やす。
- 書き写し、音読することで言葉のリズムをつかむ。
- 新書は「書くパターン」の宝庫。
- 社説を再構築して文章を書く。

第 6 章

考える力がつく
本の読み方

言語化力を高める方法の1つに「読書」があります。ただ読むだけでは言葉や知識のインプットにはならず、言語化力につなげることができません。本章では、思考力を高め、語彙力もアップする読書術を紹介します。

「読めない」日本人が急増⁉

日本人は読解力が
不足している

　2018年、日本の教育界に衝撃が走りました。国際学習到達度調査（PISA）において、日本の15歳の「読解力」が前回の８位から、過去最低の15位に急落したからです。この結果を受け、日本では読解力向上のためにさまざまな取り組みがなされました。たとえば小学校教育では読書活動の推進や、「論理国語」という選択科目が高等学校教育に導入されたのも、こうした施策の一環です。そして４年後のPISA2022では、見事に３位に大幅ランクアップしました。日本としては喜ぶべきことですが、３位になったのは15歳の子供たちであって、これをもって日本人全体の読解力が上がったとは言い切れません。

　たとえば、SNSなどを中心に誤情報、いわゆるフェイクニュースが拡散されるケースが目立っています。これらは情報の真意を判断する読解力の低下が原因とも考えられます。また文書を介したコミュニケーションの増加にともない、ビジネス文書を正確に読む読解力の重要性は高まるばかりです。**確かに日本人の読解力は上がっている面はありますが、いまや社会や企業で求められる読解力はさらにその上を行っています。**つまり、その意味で日本

人の読解力は、いまだ不足していると言わざるをえません。

　「読解力」を定義をするなら、「言語活動を通じて、より多くの知識を学び、表現する力」となります。もっと具体的に言うと、「読む力」「書く力」「考える力」「伝える力」の総合力です。読解力は、もともと頭が良い人だけでなく、どんな人にも鍛えることができる力です。そして言語化能力は、それを踏まえた中でこそ発揮されます。ではどうすれば、読解力は上がるのでしょうか。それは、本を読むことです。いま若者の読書離れが懸念されていますが、もっと懸念するべきは大人の読書離れです。15歳の若者たちがPISA2022で読解力３位に輝いた同じ年、読売新聞の調査によると、全国の18歳以上の男女3000人に電話調査したところ、１か月の読書量が「１冊も読まない」にあたる人は全体の44.0％と過去最高を記録しています。

　６章では言語化能力の根幹を支える「考える力」をつける本の読み方について解説していきます。本を読むのは「勉強」のためだけではありません。誤解を恐れずに述べるなら、自分にしかない才能を伸ばしながら活き活きと生きる力、自由に生きる力、自分の世界を広げ、そして夢を叶えていく。そのために本はあるのです。それでは具体的な読書法について見ていきましょう。

ポイント
- 日本人の読解力は不足している。
- 読解力は言語化能力につながっている。
- 問題は大人の読書離れにある。
- 読書はあなたの夢をつくる力になる。

著者の伝えたいことを
客観的に読み解く

　読解力とは「言語活動を通じて、より多くの知識を学び、表現する力」と述べましたが、この力を磨くためには客観性が欠かせません。なぜなら、多くの知識を学ぶことは、多くの視点を学ぶことであり、その結果として客観性が高まるからです。

　言語を通じて情報を吸収し、自らの考えを表現する能力は、客観的な視点を持つことによって養われます。ある本や論文を読むときに、その著者の意図や立場を理解するだけでなく、異なる立場や視点からその内容を考えることができるかどうかが重要です。これによって、自らの視野を広げ、客観的な視点を持つことができます。

　新美南吉という童話作家がいます。彼の作品のひとつである『デンデンムシトデンデンムシノカナシミ』は、すべてがカタカナで書かれています。なぜ新美南吉はこの童話を全篇カタカナで書いたのでしょうか。「でんでん虫」を「デンデンムシ」とカタカナで表現すると、どこか人間の世界とは別の世界に暮らす生き物という印象がします。また、一般的に知られる「悲しみ」「哀しみ」

をカタカナの「カナシミ」で表現することで、私たちでは表現できないかなしさが感じられます。

「客観的」に読み解くとは、こうした視点を示します。自分ではない他の人の目線（第三者視点）で観察して考えるという態度です。**作者の伝えたいことを客観的に読むとは、主観を排して自分という特定の立場にとらわれずに広い視点から読むこと**といえるでしょう。

また、客観性を高めるためには、まず自らの偏見や先入観に気づくことが必要です。

さらに、異なる文化や背景を持つ人々との交流を通じて、自らの視野を広げることも重要です。他者との対話や議論を通じて、自らの考えを客観的に見つめ直し、新たな視点を得ることができます。このような努力を通じて、客観性を高めることができれば、読解力も飛躍的に向上するでしょう。

著者が伝えたいメッセージを客観的に読み解くことは、多くの視点を身につける上でも非常に重要です。客観性を持ち、他者と異なる視点を尊重しながら、情報を正しく理解し、適切に判断する能力は、現代社会において必要不可欠なスキルといえるでしょう。

ポイント

- 客観的に読み解くとは主観を排して読むこと。
- 客観性が読解力を高める。
- 読書で多くの視点を学ぶ。
- 多くの視点が客観性をつくる。

言葉に向き合う努力をする

「わかったつもり」は
「わかっていない」

　私たちは読書をする際、「わかったつもり」で読み進めてしまうことが多くあります。本を読むときに、まず注意すべきなのは「わかったつもり」になって文章を読んでしまうことです。

　たとえば知らない言葉や、読めない言葉があったら読み飛ばして、文章の前後の文脈で「まあ、こんなことを言っているのだろう」と推測して読書をすませてしまうことはないでしょうか。それは考える力がつく本の読み方とはいえません。「わかったつもり」の読書とは「自分で自分をだまして、自分の都合がいいように読んでいる」ようなものなのです。そこには客観性がありません。

　一見正しいようにみえても、書き手の「主観」に過ぎない意見を鵜呑みにして、普遍的な真理だととらえているとするなら、それは一種の思考停止といわざるを得ません。ここから抜け出すには、「客観的に考えてどうなのか」という視点を持つことが重要です。

　本当に「わかる」ためには、わからない言葉や自分の理解があやしい言葉があったら、辞書や専門書を開いて、答えを調べます。

そこで満足することなく、言葉の意味を自分なりに考え、なぜ著者はその言葉を使ったのかについてまで考えをめぐらせます。ここまでしてやっと本当に「わかった」といえます。このように、「わかったつもり」と本当に「わかった」の間には、実に大きな差が存在しているのです。

ところで落語家さんの序列に「真打ち」と呼ばれる称号があります。江戸（関東）と上方（関西）では違いもありますが、厳しい練習を繰り返し行い、修行を積んで芸を磨いた順に「前座見習い」「前座」「二ツ目」「真打ち」となります。いわば「真打ち」は落語家として免許皆伝の証なのです。真打ちの称号をもつ落語家は、「自分が演じているところを客観的に自分でみることができる」という感覚があるといいます。

客観的に自分を見て、どこがよくてどこが悪いのか、何を直さないといけないのかに気づくことができなければ、芸の向上は果たせません。つまり、言語化力を身につけるための読書も、本当に「わかる」ための読書が不可欠なのです。客観的に自分をとらえ、すべては自分を磨くためにあるものと感じることができれば、読書への取り組み方が変わってきます。本当に「わかる」ための読書をするという意識をしてみましょう。

ポイント
- 「読みっぱなし」が「読んだつもり」を生む。
- 読んで、調べて、考える。「わかった！」への道はそこにある。
- 客観的に自分を見つめる。
- すべては自分を磨くためにある。

文章を読みながら
テーマを見直す

　それほど難しい言葉も複雑な言い回しも出てこないのに、読んでいるうちに、何のことだかわからなくなることがあります。いわば文章の中で迷子になったとでもいえるこの状態は、「文脈」を見失った場合に起こることが多いです。「文脈」とは、簡単にいえば「文章の流れ」です。では、次の文の意味を読み取ることができるでしょうか。

> 　サプリメントを売りたいという営業パーソンを例に挙げてみましょう。まずは「少し値が張る」「錠剤タイプ」といった商品の内容に関する軸を立てます。次に「低価格」「手軽に服用できる」というお客様にとってのメリットに関する軸を立てていきますが、このとき「錠剤タイプ」と「手軽に服用できる」という関連性の高い２つの要素が浮き彫りになるのです。

　どうやらサプリメントの話ではありそうですが、いまひとつ意味をつかみきれません。文章とは、一部だけを抜き取ってしまうと、文章全体で何を言いたいのか読み取ることが格段に難しくな

るものなのです。では、この文章に次のような見出しがついたと
すれば、いかがでしょうか。

第2章　モヤモヤをパッと言葉にする　思考の整理術
法則21　2つの軸を考えて
伝えたいことを明確にする

すると「これは、アイディアの組み合わせにまつわる文章の一
部なのだろう」と、想像がつくのではないでしょうか。これは日
本で言う「連想」「類推」「類比」などが働いたためです。アナロ
ジー的思考とも呼ばれます。

別の言い方をすれば、見出しを読むことでこの文章が所属する
「文脈」を発見した結果、文章の意味が理解できたのです。

文章を読んでいて、なんだか話がよくわからなくなってしまっ
たときには、文の前後や見出しを読み直すことで理解がしやすく
なります。また、その文章全体が持っているメッセージ、中心思
想、要旨、主題を「テーマ」と言います。テーマを意識して文章
の前後を読み直すと、さらに効果は高まるでしょう。

ポイント
- 「文脈」とは文の流れ。
- 「文脈」を見失うと、文章も見失う。
- 文章の前後や見出しを読み直すと、文章はより理解できる。
- テーマとは文章全体を俯瞰するメッセージ。

わかりやすく読むための「型」

5W1Hに当てはめて読む

　先に、わかりやすく文章を書いたり話したりをする際に基本となる「型」として、5W1Hを紹介しました。Who（誰が）、When（いつ）、Where（どこで）、What（何を）、Why（なぜ）、How（どのように）の頭文字をとって5W1Hと言います5W1Hは思考の整理術でも説明をしましたが、本を読む際にも必要な型なのです。

　ところで、5W1Hは文章を読むときにも役立つ「型」です。中でも難解な文章について意味を読み取ろうとするときには、たいへん役立ちます。たとえば日本語とは、ときに主語が省略される言語です。そのため文章を読み解くときには「誰が」と主語を推測してみたり、見つけたりします。

　それから順に「いつ」「どこで」「何を」「なぜ」「どのように」といった具合に当てはめたり、詳しい内容を補ってみると文章の読みが深くなります。ここで、夏目漱石『三四郎』の序盤にある文章を実際に読んでみましょう。

> じいさんに続いて降りた者が四人ほどあったが、入れ代っ

> て、乗ったのはたった一人しかない。もとから込み合った客
> 車でもなかったのが、急に寂しくなった。日の暮れたせいか
> もしれない。駅夫が屋根をどしどし踏んで、上から灯のつい
> たランプを差し込んでゆく。三四郎は思い出したように前の
> 停車場で買った弁当を食いだした。／夏目漱石　『三四郎』

　それでは、ここで質問です。この文章の主語は「誰」あるいは「何」
でしょうか。引き続いて5W1Hに当てはめて「いつ？」「どこで？」
「何を？」「なぜ？」「どのように？」と、答えを考えてみてください。

　答えは「主語＝三四郎は」「いつ＝日の暮れた」「どこで＝（乗
客が少なくなって、寂しくなった）客車」「何を（どうした）＝
前の停車場で買った弁当を食いだした」「なぜ＝駅夫が屋根をど
しどし踏んで、上から灯のついたランプを差し込んでいく（のを
見て、あるいは感じて？）」「どのように＝思い出したように」と
なります。

　このように5W1Hの「型」で分解しながら読み解いていくよう
にすると、たいへん簡単に、文章の要約をすることができます。

ポイント

- 5W1Hは難解な文章を読むときにも役に立つ。
- 日本語の文章は主語が省略されていることがある。
- 5W1Hで当てはめて文章を読む。
- 5W1Hは文章の要約にも役立つ。

接続詞に注目して
作者の言いたいことを探る

　まずはこの作品を読んでください。寺山修司の『ポケットに名言を』にある「言葉を友人に持とう」という文章です。①と②に、どんな接続詞を入れると、この文章に最もフィットすると思いますか？

　少年時代、私はボクサーになりたいと思っていた。（①）、ジャック・ロンドンの小説を読み、減量の死の苦しみと「食うべきか、勝つべきか」の二者択一を迫られたとき、食うべきだ、と思った。Hungry Youngmen（腹の減った若者たち）はAngry Youngmen（怒れる若者たち）にはなれないと知ったのである。

　（②）、私は、詩人になった。そして、言葉で人を殴り殺すことを考えるべきだと思った。詩人にとって、言葉は凶器になることも出来るからである。私は言葉をジャックナイフのようにひらめかせて、人の胸の中をぐさりと一突きするくらいは朝めし前でなければならないな、と思った。

／寺山修司『ポケットに名言を』

　寺山が綴った文章には①に、「しかし」、②に「そのかわり」という接続詞が入っています。接続詞には「順接」「逆接」「並立」「対比」「説明」「転換」をはじめ、いろいろな言葉があります。すべてを覚える必要はありませんが、それぞれの接続詞の役割を覚えておくと、作者がこれから何を言おうとしているかがわかってきます。

　たとえば「しかし」という逆接の接続詞のあとには、作者の言いたいことがくるケースが多いのです。寺山は『ジャック・ロンドンの小説を読み、減量の死の苦しみと「食うべきか、勝つべきか」の二者択一を迫られたとき、食うべきだ、と思った』と、ここで書いていました。

　「考える力」をつけるために本を読むときには、ただなんとなく読み進めてはいけません。作者がこれからどんな話をしようとしているかを「接続詞」に注目して読むことが大切なのです。先に挙げた「そのかわり」とは、「転換」の接続詞です。そのとおり、ここで寺山はボクサーから詩人への転換を書いています。これ以外にも、「なぜなら」ならば「書き手の主張の根拠を言おうとしているのだな」、「つまり」であれば「これまでの話を要約しようとしているのだな」と、著者の考えを予測できるようになってきます。

ポイント

- 接続詞に注目すると、作者が言いたいことがわかる。
- 「しかし」の次には、作者が言いたいことがくる。
- 「なぜなら」の次は「作家の主張の根拠」が述べられる。
- 「つまり」の次は、これまでの話の要約がくる。

作者の息づかいをつかむ

難しい文章は
声に出して読む

　作家・谷崎潤一郎の作品に、『蘆刈』という句読点が非常に少ない作品があります。まずはご一読ください。

> 　まだおかもとに住んでいたじぶんのあるとしの九月のことであった。あまり天気のいい日だったので、ゆうこく、といっても三時すこし過ぎたころからふとおもいたってそこらを歩いて来たくなった。遠はしりするには時間がおそいし近いところはたいがい知ってしまったし、どこぞ二、三時間で言ってこられる恰好な散策地でわれも人もちょっと考えつかないような忘れられた場所はないものかとしあんしたすえにいつからかいちど水無瀬の宮へ行って見ようと思いながらついおりがなくてすごしていたことに心づいた。／谷崎潤一郎　『蘆刈』

　かなり読みにくかったのではないでしょうか。では、今度は先の文章を音読しながら、頭の中で句読点を入れてください。

　ずいぶん読みやすくなったはずです。このように句読点が少ない文章や長い文章は、声に出して読むと理解しやすくなります。

　文学者が書く文章も難しいですが、難解さにおいては哲学者の文章は負けていません。たとえばフランスの現代哲学者、ジャック・デリダの著作といえばとにかく難解で知られています。実際、日本語訳を読んでもフランス語の原著で読んでも、まったく歯が立ちませんでした。しかし、デリダの講義を何度も傾聴して、彼の話し方や息づかいまでも感じているうちに、なんとなく意味がわかるようになってきました。いまやデリダも亡くなってしまい、新たに講義を傾聴することはできません。これからデリダの著作を理解したいと思う人はどうしたらいいのでしょう。

　それは、彼の著作を声に出して読んで、「感じる」ことです。他の哲学者の著作を読むときにもいえますが、彼らの息づかいを感じるように読むことが大切です。そして「考える力」をつけるには、哲学書などの歯ごたえのある書物を、彼らの考えた道を長い時間をかけて自分なりにたどりながら、少しずつでも理解していくことです。それが「自分なりに考える方法」を学ぶことにつながっていきます。

ポイント

- 頭の中で句読点を入れながら音読する。
- 作者の息づかいを感じるように音読する。
- 難解な書物と長い目でつきあう。
- 哲学者の考えた道をたどりながら読む。

ノートとペンを用意して、本を読みながらメモをとる

　本を読むときは傍らにノートを用意しておきましょう。心がすーっと楽になる言葉、背筋を正される言葉、「そうだったのか！」と疑問を解決してくれる言葉、「これは使える！」と得した気分になる言葉、魂が沸き立つ言葉、涙が出るほど感動した言葉……。本を読んでいると、そんなあなたの琴線に触れる言葉に出会うことが多々あります。

　人との出会いだけでなく、言葉との出会いも一期一会。忘れないうちに、ノートに書き写しておきましょう。すると、あなたが生きる上でのお守りになったり、生きる方向を指し示すコンパスになってくれたりします。

　自分には難しくてよくわからないのだけれど、なぜか惹かれるという言葉もあります。このとき、「わからないものをあえて書き残す」という視点を持ってノートに書き写してみましょう。「どういう意味かな？」と思ったら、辞書を引いて調べてみてください。そして意味がわかったら、実際に使ってみましょう。すると、1つ語彙が増えて言語化能力も高まっていきます。

読みながらメモしたいこと

1　印象的な言葉

2　重要だと思った言葉

3　その言葉から感じたこと

4　意味がわからなかったところ

5　言葉から自分なりにイメージした図やイラスト

付箋をはったり、文章にマーカーを引いたりするのもOK!

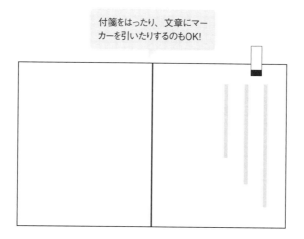

ポイント

• 読書とノートをセットにしておく。

•「いい言葉」との出会いは一期一会。

•「いい言葉」は、あなたのコンパスになる。

• わからないことも書き写す。

ツッコミが客観性をつくる

読みながら批評する

　「批評」というと難しそうですが、要するに「ツッコミ」です。本を読みながら、その内容に対して「自分ならこんな考え方はしない」「この情報は信じられるの？　著者の主観的な思い込みじゃないの？」などと、自由にツッコミを入れて、それをノートに書き込んでいってください。これは、主観に寄らず「客観的に本を読む」ためにも重要です。

　本に書かれているから。それだけの理由ですべてを正しいと考える必要はないのです。むしろそうした読み方は、知識を鵜呑みにするようなもので、**フェイクニュースがはびこるいまの時代、身を危険にさらしかねない考え方です。**

　「この著者は、○○が正しいといっているけれど、本当かな？」という視点を忘れず、どんどんツッコミを入れていきましょう。それが物事を客観的に観る力をつくり、ひいては「考える力」の源となるのです。

　ところで、昭和の教育学者・石山脩平が確立し普及させた方法

に、「三読法」と呼ばれる本の読み方があります。高校までの国語の授業では、この方法で文章の読解を教えられます。石山は、この「三読」に「批評」を加えた「四読」を加えた「四読法」を考えていたそうです。

　まずは「三読」についてご説明しましょう。この教え方は、「通読・精読・味読」という３つのステップで、教材を３回読んで文章の読解を深めさせる方法です。

　「通読」とは最初から最後まで通して読む方法です。次に「精読」は、段落ごとに内容や文法、語句について細かく吟味していきます。最後に「味読」とは、その名前が示すように、作者の気持ちを考えつつ文章の内容をじっくり噛みしめるようによく味わいながら読む方法です。

　そして４回目の読み方が「批評」です。石山はこの「批評読み」といえる方法を2種類に分けて考えていました。1つはその作品自体の批評。そしてもう1つは他の作品とその作品を比べて優劣をみるというものでした。この「批評」の方が、「三読法」よりも重要だといえるかもしれません。

■ ポイント

- 「批評」とはツッコミ。
- 本に書いてあることが正しいとは限らない。
- ツッコミで、あなたなりの応えが見つかる。
- 「批評」が客観性をつくる。

反論で言語化能力も上がる！

読み終わったら誰かの感想を見てみる

　本を読み、気に入った言葉や理解できなかった内容や言葉をノートやメモに書き写し、本の内容に対するツッコミを書き終えたら、同じ本を読んだ人の感想を聞いたり、感想文などを読んだりしてみましょう。

　「あっ、自分の考えと同じだ！」と共感する感想もあれば、真逆の感想もあって、同じ本でもこんなにさまざまな感想を持つ人がいるのだと驚くはずです。自分の「読み」の浅さを実感させられた感想には、素直に「参りました」という気持ちさえ抱くかもしれません。

　一方で「それは違うんじゃないの」「誤読ではないかな」と思う感想もあるでしょう。そんなときは、なぜ自分はそう思ったのか、実際に書いたり話したりしてみましょう。

　これを「反論」といいます。相手の意見や批判に対して反対する考えを述べることです。反論をすると、当の相手から反論が返ってくることもあるでしょう。しかし、これを恐れてはいけません。

なぜなら、批判や反論を受けるということは、自分を成長させるための大きな「気づき」になるかもしれないからです。

たとえば、自分の考えが正しくて、それでも相手には納得できないところがあって反論をしてきた場合、自分の表現力不足だったということも考えられます。それは表現力にさらに磨きをかける絶好の機会になります。

一方で、相手からの反論を聞いて自分の読み間違いに気づいたとき、これもまた自分にとって大きな学びとなります。いずれにしても**相手の批判から学びを得ることは、個人の成長にとっても、考える力を育てて言語化能力をアップさせるためにも、とても大切なことです。**

そして、意見の違う人と議論をする際には、感情的になっては実りのある議論となりません。あくまで冷静に問題点を指摘して、論理的、客観的に話を進めていく、そんな姿勢が重要です。その訓練ができていれば、社会生活においても、よりよい人間関係を築くことができます。本来、読解力とはそのような人と人との関わりにおいて、培われていくものなのです。

ポイント

• 同じ本でもさまざまな解釈がある。
• 自分と違う意見に反論してみよう。
• 反論されることにも学びがある。
• 論理的、客観的な議論の積み重ねが読解力を高める。

言語化能力が高まる
読書ノートをつくろう

　本を読むということは、人と会って話すことと同じといえるでしょう。語り合った内容や楽しかった時間は、何もしなければ徐々に忘れていきます。しかし、そのときの写真や日記を書いておくと、それを眺めるたびに思い出すことができます。

　読書も同じです。「読書ノート」をつくることで、手にした知識や気づきを振り返ることができるようになります。

　具体的には以下のようなことをノートに記録しておくといいでしょう。

- ・その本に巡り会ったのは、いつのことか
- ・どうしてその本を読もうと思ったのか
- ・どんな内容が書いてあったか
- ・印象に残った言葉は何か
- ・大事だと感じたところの要約文と、そのことが書いてあったページ数

　中でも最後の２つは重要です。なぜなら、この部分を読み返すだけで、すぐにこの本から得た知識を思い出すことができるから

です。

　「書物を読んで記録に残す」という読書法は、古くは古代中国の時代にまでさかのぼります。「箚記」という学習方法で、読書して得た感想や知識を随時記録することです。中国にはそれをまとめた書物や随想録が残されています。

　読書ノートには、先に述べた項目の他、自分なりに必要だと思う項目を自由に加えてください。たとえば、読みはじめた日や読了日を記録しておくと便利です。また、文章の他、大事だなと思った図や表、印象に残った写真などもコピーしておくのもいいですね。

　おすすめなのは、大事だなと思ったところの文章を自分なりに解釈して、図やイラストとして記録することです。文章で説明されている構造や関係性を視覚的にとらえることによって、より内容の理解がより進んで記憶に残ります。

　また、SNSに「＃読書記録」とハッシュタグをつけて投稿するのもいいですね。読書で得た知識や経験した心情などを必要なときにすぐ思い出せるように、読書ノートを活用しましょう。

ポイント

- 読書と人と会って話すことは同じ。
- 古代中国の時代から「読書ノート」はあった。
- 「読書ノート」に図解を入れてみると理解度が増す。
- SNSで読書記録をしてみよう。

雑食・濫読が力をつける

とにかくいろんな本を
たくさん読もう!

　読書は心と頭の栄養です。読書量は語彙力をアップさせ、想像力や創造力をアップさせ、言語化能力を高める糧になります。そうした意味で、少し変な言い方かもしれませんが、**「本を読む」と言うよりも「本を食む」**と言ったほうがいいのかもしれません。

　「食む」と言っても何も山羊のように本をムシャムシャ食べるということではありません。文学書からビジネス書、料理のレシピ本から昆虫の生態に至るまで、ジャンルを問わずとにかく濫読することをおすすめします。

　同時に、速読でいいものと、血肉とするために熟読しなければならないもの、積読でいいものを、より分けていく能力を身につけていくことが必要でしょう。

　なんと言っても年間に何万冊と刊行される本の中で、本当に熟読したいと思える本は一握り。そこに、これまで多くの人に読み継がれてきた古典などを加えれば、無尽蔵といえるほどの本がこの世界には存在しています。

　だからこそ、とにかくたくさんいろいろな本を濫読して、速読

するものと熟読するものをより分ける力を身につけることが重要なのです。

　学びを得る上で、必要な情報だけを効率よく探す技術も必要です。引用箇所の確認をしたり、ざっと読んでどのようなことを著者が言いたいのかをするには速読が役立ちます。いわば速読は、この本を本気で読むかどうかを決めるフィルターにもなるのです。それゆえ文学や哲学の研究をしている場合でも、速読はよく用いられています。

　また書籍には紙以外にも電子書籍があります。電子書籍のいいところは、なんといっても膨大な本を手軽に持ち運びできるところ。
　文字の検索も容易で、さらに著作権の切れた昔の名作など無料で読むことができるので、語彙力を増やし言語化能力を上げていくためにも有用です。そうやってたくさん読むうちに、読む速度も速くなっていきます。

■ ポイント

- 読書は言語化能力を上げる糧。
- 食べるように濫読する。
- 速読・熟読・積読を使い分ける。
- 電子書籍で古典の語彙力を上げる。

第7章

言語化力が
自然と身につく
日常の小さな習慣

言語化力を高めるには、日常的にメモをとる習慣をつけることが効果的です。些細なことでも思考を働かせ、言葉に触れる機会を増やすことが大切なのです。本章では、誰でも今すぐできる言語化力が身につく日常的な習慣を紹介します。

「なんのために?」を
日頃から意識する

　読書には様々な効果があります。文章を読み解く読解力、論理的に物事を考える思考力、本に書かれている知識などが身につくことが主な効果です。本書がテーマにしている言語化の能力を養う上でも読書は大いに役立ちます。

　ただし意識しないといけないことがあります。読書以外の勉強方法でもそうなのですが、ただ漠然とやっていては身につくものも身につきません。せっかく本を読んで知識を得ても、しばらく経つと忘れてしまうことでしょう。

　たとえば、人とのコミュニケーションに関する本を読んでいるところを想像してみてください。その際に「自分は初対面の人と話すのが苦手だから、そのノウハウが知りたい」と具体的な目的をもって本を読む場合と、ただなんとなく読んだ場合を比べたら、身につくものが多いのは前者のはずです。

　読書にせよ何にせよ、**学習する場合、「なんのために自分はこれをするのか」という目的意識がないと得られる効果が小さくなってしまいます。**

　こうした目的意識を当たり前のものにするためには、「なんの

ために？」を日常的に意識する習慣を身につけるといいでしょう。本を手に取る際には、「自分は何のためにこの本を読むのか」という目的意識を持つのです。

とはいえ、読書によってその目的がすぐ果たされるかというと、そういう訳ではありません。仮にプログラミングを学びたいと考えて技術書を読んでも、その本には自分に合ったプログラミングのノウハウが書かれていないかもしれません。そうした場合は1冊で終わらせず、同じテーマの技術書を何冊も手に取って学習を続けるようにしてください。

違う著者の本を選ぶのも有効です。同じテーマを扱っていても、書く人が違うと視点が変わってきます。たどり着く結論が変わってくることもあるでしょう。そうした違った箇所にこそ、あなたが望むものがあるかもしれません。望むものがなかった場合でも、様々な視点や考え方を知ることには、思考の幅を広げてくれるというメリットがあります。

読書以外でも日常生活の中で「なんのために？」を意識することは、その物事に対する理解を深めることにつながります。物事を深く理解することによって、言語化の能力も確実に上昇するはずです。

ポイント

- 漠然と学習しても学んだことは身につかない。
- 「なんのために自分はこれをするのか」と常に意識する。
- 目的を意識することで、得られる効果が大きくなる。
- 同じテーマの違う著者の本も読み、異なる視点も学ぶ。

気になることがあったら
すぐにメモをとる

　言語化能力を身につけ、高めるためにおすすめしたいのが、メモをとるという習慣です。日常生活の中で見たり聞いたりしたもので気になるものがあったらメモをとるようにしましょう。

　一般的には記録して忘れないようにするためにメモをとることが多いのですが、メモをとることで言語化能力を高めることもできるのです。

　たとえば、**本を読んだときの感想を簡単なメモにまとめるようにすると、自分が本を読んで感じた気持ち、どういう点に感銘を受けたのかを言葉にする訓練ができます。**

　訓練という単語を使うと難しく感じるかもしれませんが、メモは自分が使いやすい簡単な言葉だけで書いて問題ありません。無理をして難しい言葉は使わなくていいのです。身の丈に合っていない難しい言葉を使おうとすると、メモをとるのが億劫になってメモをとることが習慣になりません。

　メモの文も長くなくて大丈夫です。むしろ最初は短く簡潔に書くように意識したほうがいいでしょう。気になったニュースについてメモをとる場合などは、人に話したときにも伝わりやすいように的確に要点だけをまとめることが、言語化能力の強化に直結

するのです。

　読んだ本の感想をメモに残す場合は、印象に残った内容や自分の感想などを簡単な箇条書きでまとめればいいでしょう。感想文や批評ではなく、あくまでメモなのですから、長い文を書く必要はありません。

　書いたメモは書きっぱなしにしてそのまま放置するのではなく、溜めていくようにすることも大事です。ノートなら同じノートに書き、スマートフォンなら同じメモアプリに記録するようにしましょう。そうすることで過去に書いた自分のメモをいつでも読むことができます。

　自分の書いたメモを見返したいときに見返すことで、読んだ本や見たニュースなどに対する自分の気持ちを思い出すことができます。自分が書いたメモで自分が考えたことを思い出すという作業は、言語化能力の向上につながります。

　また、自分が書いたメモがたくさん溜まっていくことで達成感を味わうこともできます。この達成感はメモを取ることの習慣化をうながすことでしょう。

　まずはメモのためのノートやカード、スマホアプリなどを用意して、本を読むときやニュースを見るときは、それを手元に置いておくようにしてください。

ポイント
- 文章を読むときは、メモをとるようにする。
- 読んで気になったポイントや感想を平易な言葉で書く。
- メモは長い文ではなく、短い文で簡潔にまとめる。
- 同じノートやメモアプリに書くようにする。

書くトレーニングSTEP①
見たままを200字で書く

　200〜201ページでメモをとる習慣を身につけることをおすすめしました。メモをとることで短い文章を書くことに慣れたら、今度はもう少し長い文章を書くことに挑戦しましょう。

　200字という文字数で、目の前の光景など見たものをそのまま書くのです。美術では、鉛筆などで対象を簡潔に描くことをデッサンと呼びますが、デッサンするように文章を書くことをイメージすればいいでしょう。

　明治を代表する文学者の正岡子規は、こうした文章のことを「写生文」と呼びました。子規は、事実や対象を自分の目で見て、感じたとおりに自分の言葉で書こうと考えたのです。

　今の目の前にある光景や、それを見て感じたことなどを素直に文章にしてみてください。ここでは、文学的な装飾は必要ありません。とにかく見たこと、感じたことを200字でそのまま文章にするのです。

ポイント
- 目の前の物事を200字で文章にする。
- 装飾せず、見たこと感じたことをそのまま書く。

書くトレーニングSTEP②
文章の中心を決める

　200字の写生文を書くことに慣れてきたら、次のステップに進みましょう。先ほどは、目の前にあるものをそのまま文章にすることを心がけました。

　今度は文章とする対象を選んでみましょう。**「これを書いてみると面白いんじゃないか」「今日はこれを書いてみよう」という対象を選ぶのです。**その対象を中心とした文章を書くのが、先ほどのステップの文章との違いです。文字数は変わらず200字で、今度は中心となる対象を意識しながら描写するようにします。

　たとえば、目の前の机についての写生文を書くとき、ステップ1では机の上に置かれているものを均等に描写したかもしれませんが、今度は自分が気になったものを重点的に描写します。

　このとき、自分が文章の中心にするものに何を選ぶかによって、文章の内容は大きく変わってきます。書く楽しさもこれまで以上に増えることでしょう。

ポイント

- 文章にする対象を選ぶ。
- その対象を中心として文章を書いてみる。

書くトレーニングSTEP③
書いた文章を振り返る

　次のステップでは、自分が書いた200字の写生文を読み返してみましょう。これまでのステップでも自分が書いた写生文を読んでいたとは思いますが、自分自身の思考を客観視するつもりで文章を読み直してみるのです。

　客観視する際に有効なのは、つくった文章を少し「寝かせる」ことです。つまり、**書いた後にすぐ読み返すのではなく、少し時間を置いてから読み返すのです。**

　時間を置くことによって自分の文章と距離をとることができるので、第三者の気持ちになって文章を読めます。これまでは気づかなかった短所が見えてきたり、反対にこれまではわからなかった長所が見出せるかもしれません。

　客観的に写生文を読み返すことで、書き手である自分が何を伝えようとしていたのかがわかるようになり、伝え方の上手い下手まで見えてくることでしょう。

ポイント

• 自分の文章を客観的に読み返す。
• 時間を置くことで、気づかなかった長所短所が見えてくる。

書くトレーニングSTEP④
いらない情報を削除する

　ステップ3で自分の書いた文章を客観的に読み返すと、「もっと文章の質を高めたい」と思えてきたのではないでしょうか。ステップ4では、文章をブラッシュアップする作業を行います。

　書いた内容から無駄と思えるもの、自分の中で咀嚼しきれていないものを削っていきます。もったいないとは思わず、ためらわずにどんどん削ぎ落としていきましょう。10書いたら、その中から4削るというイメージです。

　「そんなに削ったら自分の考えが読んだ人に伝わらない」と思いますか？　文章では自分の言いたいことの5割も伝われば成功だと考えてください。

　むしろ潔く無駄を削っていくことで、自分が一番優先して伝えたいと考えていたことが読んだ人に伝わりやすくなります。削っていく作業によって、文章に入ってしまっていた無駄な力みを抑えることもできます。

ポイント

- 無駄なところ、咀嚼できていないところを文章から削る。
- ためらわずに、文章の中の4割ぐらいを削ぎ落とす。

書くトレーニングSTEP⑤ 言葉をストックしておく

　ここまでは「目の前のことをそのまま書く」「文章にする対象を選ぶ」といったスタイルの執筆方法を紹介しました。次は「言葉をストックする」ことを身につけましょう。

　日々の生活の中や、生まれてからこれまで経験したことの中から書いてみたいと思うようなエピソードを探し出して、それを400字程度の文字数で文章にしてみるのです。

　どういうエピソードがいいかわからない人は、「あなたがどんな人間か」を表わすものにしてみるといいのではないでしょうか。就職活動や転職活動などで相手に自分の人となりを伝えるときに、そのエピソードは強力な武器になります。

　このような形で、様々な言葉や話題を自分の中にストックしておき、いつでも出せる状態にしておくと、書く文章の内容を豊かなものにすることができます。

ポイント

- 日々の生活やこれまでの経験から書くべきことを探す。
- エピソードをストックすると、書いたり話す内容が豊かになる。

定期的に手書きで
手紙を書いてみる

　ステップ1～5を実践することによって自分が考えたことや感じたことを文章にすることにも慣れてきたのではないでしょうか。そのようにして身につけた文章を今度は実践で使ってみましょう。

　おすすめしたいのは、手書きの手紙を書くということです。現代人はスマートフォンやパソコンで文章を書くことに慣れてしまって、手書きで文章を書く機会が少なくなっています。そんな中であえて手書きを選択するのです。

　手書きで文章を書くことで語彙力を磨くことができます。スマートフォンやパソコンの入力だと予測変換などで、言葉選びがサポートされる形になります。**手書きであれば、一から自分で考えて言葉を選ぶので語彙力が鍛えられる**のです。

　語彙力を鍛えるためにも、定期的に手書きの手紙を書くようにしてみてはどうでしょうか。

ポイント
- 手書きで手紙を書くことで語彙力を鍛える。
- 辞書を使って言葉を選び、新しい語彙を身につける。

食事の時間の味わいを
言葉にしてみる

　語彙力を増やすためには読書をしたり、辞書を引いたりしてインプットしなければいけません。そして、磨いた語彙力を活用するためにはアウトプットが必要です。アウトプットをすることで、自分が感じたことを身につけた語彙力で適切にわかりやすく表現できるようになります。言語化能力を磨くという意味でもアウトプットは重要なのです。

　自分が考えたこと、感じたことを言葉にしてアウトプットする訓練の場としては、食事の時間が最適です。食事のときに感じた味わいを言葉にすることに挑戦しましょう。

　食事が美味しかったときはもちろん、不味かったときも言葉にするようにします。美味しさ、不味さを、その料理を食べていない他人にも伝わるように言葉にしてみるのです。

　テレビのグルメ番組ではタレントやレポーターが食事の美味しさを視聴者にもわかるように言葉で表現しようとしていますが、グルメ番組の出演者になったつもりで食べ物の味を表現するのも面白いかもしれません。

　食事の言語化で他に参考になるのは、ワインのソムリエでしょ

う。優れたソムリエはワインの見た目と香りと味を豊かな語彙で表現し、そのワインがいかに魅力的なのかを人に伝えます。

　ワインの見た目を伝えるためには色をどう表現するかが重要ですが、ソムリエは「水晶のように澄んでいます」「ルビーのように赤みがかっています」というようにワインの色を宝石に例えることが多いそうです。

　多彩な香りは、果物や花、植物に例えて表現します。樽に入っている間に熟成した香りはスパイスやハーブでたとえます。

　味は口に含んだときの第一印象、飲んだ後に感じる余韻に分けて表現します。

　ワインの表現には決まったルールがある訳ではなく、どういう言葉を使うかはソムリエの自由ですが、ソムリエは相手に伝わることを大切にしているそうです。また、言葉を選ぶために対象となるワインをしっかりと分析します。

　ソムリエをお手本にするなら、食事の言語化のときは相手に伝わるかどうかを意識しながら、食事をしっかりと味わって適切に言葉を選ぶ必要があります。

　言語化のために自分がどう味わっているのかを深く意識するので、今まで以上に食事をしっかりと味わうことになります。食感を言語に変える力が磨かれていけば、さらに食事は味わい深く楽しいものになっていくことでしょう。

ポイント

- アウトプットすることで鍛えた語彙力を活用する。
- 食事のときに感じた味わいを言語化してみる。
- 他人に味わいが伝わることを意識する。
- 比喩なども使って自分の感覚を表現する。

本や映画で他者の視点に
立つ経験を重ねる

　自分の考えを言葉にして他者へ伝えるために重要なのが、他者の立場になって考えてみるということです。自分とは異なる考えを持った人、自分とは異なる立場の人、そういった人たちならどう物事を見て、どう考えるのかを想像するのです。

　そうすることで他者を理解できるようになります。他者を理解できない人、または理解しようとしない人は、自分や自分の仲間という狭い範囲でしか通じない言葉を使うようになってしまいます。そうした人が発する言葉は、他者に理解してもらえません。

　こちらの話している意図がうまく相手に伝わらない場合、話している内容よりも、伝え方や使っている言葉に問題があることが珍しくありません。自分と同じ考えや似た考えの人にしか通じない言葉を使ってもダメなのです。

　他者の立場に立って他者の視点を持つ経験は、どうすれば積めるのでしょうか？　ここで活用できるのは、読書や映画鑑賞です。本や映画を通じて作品の登場人物という他者に感情移入しましょう。登場人物に感情移入することで、自分ではない何者かになる経験ができるのです。

　登場人物の中には、自分だったら絶対にしない行動をする人もいることでしょう。そんな場合でも、感情移入しながら作品を味わうことでなぜそんな行動をするのかが心の底から理解できるようになるはずです。

　他者に感情移入する経験を積むことで、他者を理解する感性が磨かれていきます。自分自身の考えを第三者である他者の視点で見ることもできるようになります。そうすると、どういう言葉なら他者に伝わるのか、どういう表現なら他者に理解してもらえるのかがわかってきます。

　相手のタイプによって適切な言葉と表現を選ぶこともできるようになることでしょう。たとえば、論理的な思考を好むタイプの人であれば、なぜこうなるのかという根拠を示しながら話すほうがいいでしょう。新しいものを好むタイプの人であれば、自分が話すことがいかに斬新なのかをまず伝えるようにするといいでしょう。相手のことを理解できるようになることで、他者の理解や興味を引き出すことができるようになるのです。

　他者の視点に立って考えることが身につくと、他者の視点を通じて自分の思考が整理されていきます。そうすると、前述のように相手によって表現や言葉も適切に使い分けることができるようになります。

ポイント

- 自分の仲間にしか通じない言葉は使わないようにする。
- 他者の視点に立つことで他者に通じる言葉がわかるようになる。
- 本や映画で登場人物に感情移入して他者の視点に立つ。
- 相手のタイプに合わせて表現や言葉を選ぶ。

新しい世界に
積極的に飛び込んでみる

　言葉に関する能力を向上させるためには、インプットとアウトプットを何回も行わなければなりません。インプットによって語彙力などが上昇し、アウトプットによって表現力などが上昇します。このインプットとアウトプットが足りないと、言語化の能力も磨かれないのです。

　定番のインプットとしては読書がありますが、インプットの方法はそれだけではありません。**自分がこれまで体験したことがない世界に飛び込むこともインプットになります。自分が今持っているものとは違った価値観を持つ人、自分が知らなかったことを教えてくれる人などに出会うと、これまでになかった刺激を受けることができます。**

　インプットする場合でも、今までの考え方と同じような路線のものを吸収しているだけでは、新しい考え方のヒントを手に入れることができません。自分の思考の枠組みからはみ出したような体験をすることが大きなプラスになるのです。

　そうした体験は、自分の思考を俯瞰してとらえることにも繋がります。自分の思考を俯瞰してとらえることができるようになる

ことは、思考の言語化にも役立つのです。

　先ほどインプットのための方法として、「新しい世界に飛び込むこと」に言及しました。新しい世界に入る手段として一番手っ取り早いのは、自分が知らなかったテーマ、自分の関心の外側にあるテーマ、自分が興味を持っていなかったテーマについてのセミナーや勉強会に参加するというものでしょう。

　そのテーマについての本を読むのもいいのですが、セミナーや勉強会なら、そのテーマについて興味を持っている人たちと直接会話をすることができます。疑問を持った場合には、その場で質問をぶつけることもできます。一方向で知識を得るだけの読書とは違って相手と双方向でコミュニケーションをとることができ、これが大きな刺激となるのです。

　自分が知らなかったテーマ、興味を持たなかったテーマについての知識を得ると、目の前に新しい世界が広がります。未知のジャンルについて学ぶのですから、自分自身の未熟な部分もわかるかもしれません。

　今までの自分の思考の枠組みから飛び出た知識や考え方のヒントなどが得られるので、思考の枠組みが広がります。思考を言語化して伝えた場合に、相手に与える刺激も強いものになることでしょう。

■ ポイント

- インプットが足りないと言語の能力は伸びない。
- 自分にとって未知の世界に飛び込むこともインプットになる。
- 新しいことを教えてくれる人と会うのもおすすめ。
- 興味のなかった分野のセミナーや勉強会に参加してみるのもいい。

古典を読むと
思考の幅が広がる

　言語化の能力を鍛えるためには、日々のインプットは非常に重要です。インプットのために読書をする場合は、どういう本を手に取るのかという選択にも意識的でなければいけません。

　最近の話題のベストセラーなども悪くはありませんが、強くおすすめしたいのは古典です。古典とは、長い歴史の中で昔から読み継がれてきた書物のことです。

　古い書物ですが、その中身は決して古びていません。むしろ、**人が生きていく上で考える多くのことが論じられていて、現代に通じることが書かれている**と考えていいでしょう。

　代表的な古典としては、中国のものなら『論語』や『韓非子』、西洋のものなら『聖書』、日本のものなら『万葉集』や『源氏物語』などがあります。

　『聖書』にはイエス・キリストが登場する前の『旧約聖書』と、イエスが登場する『新約聖書』がありますが、ここでは『旧約聖書』について紹介しましょう。

　『旧約聖書』に収められた『ヨブ記』は、その題名どおりヨブという男を主人公とした物語です。信心深いヨブは何の罪も犯していないのに、財産、子どもたち、彼自身の健康を奪われるとい

う試練に遭うことになります。そうした数々の苦しみに直面しながらもヨブは神を恨むことを拒否し、最後まで神への信仰を失いませんでした。

　ヨブの姿を見ることで、我々は思い通りに生きられない不条理な世の中でいかに生きるべきかを考えさせられます。この問いかけは現代に生きる我々にも深く突き刺さるものになっています。『ヨブ記』に触れたことがあるかどうかで、思考の深さが大きく違ってくるのです。

　『韓非子』も紹介しましょう。『韓非子』は、古代中国の思想家である韓非の言説を集めた書物です。韓非の思想は、国をつくる上での理論として活用され、後世に大きな影響を与えています。人を動かすヒントが含まれているので、現代でも愛読する経営者などは少なくありません。

　『韓非子』の中に、木の根っこにつまづいたウサギを手に入れた農民の話が出てきます。この幸運が忘れられず、翌日から農民は畑を耕すのを止めてウサギが来るのをひたすら待ちますが、ウサギは一匹もやってきませんでした。この物語からは、成功体験に引きずられがちな我々の姿を読み解くことができます。

　このように古典には、現代の我々が学ぶべき先人の言葉が詰まっているのです。

ポイント

- インプットのための読書では古典がおすすめ。
- 人が考える多くのことを取り上げているのが古典。
- 古典は、現代の我々が抱える問題にも言及している。
- 古典に触れたか触れてないかで思考のレベルが違ってくる。

言いたいことを圧縮するセンスを知る

漢詩に触れると行間を
読む力が身につく

214〜215ページでは、古典を読むことをおすすめしました。古典と聞くと「読むのが難しいのではないか」「とっつきづらいのではないか」と思うかもしれませんが、有名な作品の場合、現代語に翻訳されて読みやすくなっていることも多いです。まずは、現代語訳から手に取ってみるのもいいでしょう。

ただし、あえて原典のもとの形のまま接してみてほしい書物もあります。それが漢詩です。漢詩とは中国の伝統的な詩のことで、形式として古詩、律詩、絶句などがあります。

漢詩の中のひとかたまりを「句」と呼びますが、句の数が8つの八句が律詩、4つの四句が絶句、それ以外は古詩と分類されます。また、句には5文字の五言、7文字の七言があります。これらを組み合わせて、五言絶句、七言絶句、五言律詩、七言律詩などと呼びます。学校の漢文の授業で習うことなので、何となく覚えているという人もいることでしょう。

原典のままの漢詩に触れてほしいのは、漢詩の「言いたいことを圧縮する力」を感じてほしいからです。

先にもご紹介しましたが、唐の詩人の杜甫を例に説明しましょう。後に詩聖とまで呼ばれることになる杜甫は「君不見　簡蘇徯」

という漢詩を残しています。「簡」とは手紙を送るという意味で、「蘇徯」は杜甫の友人の子どもの名前です。世間で認められないことに落胆して山に隠れてしまった蘇徯を励ますために杜甫が送ったのが「君不見　簡蘇徯」で、こういう内容になっています。

「百年死樹中琴瑟／一斛旧水蔵蛟竜／大夫蓋棺事始定／君今幸未成老翁／何恨憔悴在山中」

書き下すと、「百年の死樹琴瑟に中る／一斛の旧水蛟竜を蔵す／大夫棺を蓋いて事始めて定まる／君、今幸に未だ老翁と成らず／何ぞ恨まん憔悴して山中に在るを」です。

これを日本語に訳すと、「100年前に切り倒された木も琴の材料にされるかもしれない。見捨てられた池の水にも、もしかしたら龍が住んでいるかもしれない。同じように、人の価値は、死んでからでなくてはわからない。君はまだ若い。山の中に隠れて、ふさぎ込んでいるものじゃないよ」となります。

杜甫の友の子を思う、これだけの気持ちがわずか35字の詩で表現されているのです。こうした漢詩に触れることで、行間を読む力が身につき、言いたいことを簡潔に凝縮する技術のヒントもつかめるのではないでしょうか。

自分の言いたいことを言葉にしようとすると、どうしてもダラダラと長くなってしまうと悩んでいる人は漢詩に触れることをおすすめします。

ポイント

- 古典には現代語訳もあるが、漢詩は原典に触れてほしい。
- 漢詩には言いたいことを短くまとめる技術が詰まっている。
- 漢詩を読むことで文章を圧縮するセンスを知ることができる。
- 行間を読む力も漢詩によって身につけられる。

落語を聞くことで
心地よいリズムを体感する

　自分の思考を言葉にすることに慣れてきたら、文章のリズムを意識するようにしましょう。自分の意図がうまく相手に伝わらない場合、言葉のリズムがよくない可能性があります。

　リズムが悪い文章はダラダラと続き、書き言葉でも話し言葉でも起承転結がつかみづらいものとなります。話のポイントが見えづらく、最後まで聞いたり読んだりしても「結局何を言いたいのかわからなかった」となることが珍しくありません。

　言葉のリズムを整えるにはどうすればいいのでしょうか？　書き言葉なら句読点（「、」と「。」）を意識して、一文が長くなりすぎないようにします。

　日本人に馴染み深い七五調または五七調を意識するのもいいでしょう。七五調（五七調）とは、7文字と5文字（五七調なら、5文字と7文字）の言葉が連なったもので、日本語ともっとも相性がいいリズムだと言われています。日本人にとって心地がいいリズムなので、歌の歌詞、劇のセリフなどにも使われています。

　七五調を取り入れることで、読みやすくて聞きやすい文章を構成することができるようになります。

　心地よい言葉のリズムを学ぶ際には、落語家の話芸も参考になります。優れた落語家の話は聞いていて耳に心地よいものです。

　落語は新たに創作する新作落語もありますが、多くの落語家は昔から受け継がれてきた古典落語を演じます。古典落語の場合、同じ演目を様々な落語家が演じるわけで、優れた落語家とそうでない落語家の違いが明白となります。その違いの1つの基準となるのが、聞いたときの言葉の心地よさでしょう。優れた落語家の落語はリズムがよく、聞いているだけで心地よく耳にスッと入ってくるものです。

　とりあえず落語を聞いて、心地よいリズムとはどういうものなのかを体感しましょう。落語は寄席や落語会などで聞くことができますが、そちらに足を運ぶのが難しい場合は、落語家がユーチューブなどにオフィシャルで落語の動画を上げていますので、そちらを見てみるとよいでしょう。

　何人かの落語家の落語を聞いて、一番好みだと思った落語家の落語をいくつも聞いてください。心地よい言葉のリズムはどういうものなのかが感覚的にわかっていくはずです。

　七五調と話芸のリズムを取り入れることによって、読む人と聞く人に今まで以上に届きやすい文章を構成することができるようになることでしょう。

ポイント

- リズムが悪い文章は要点がつかみづらい。
- 一文が長くなりすぎないようにしてリズムを整える。
- 日本人に心地のよい七五調を取り入れる。
- 落語を聞いて心地よい言葉のリズムを学ぶ。

日常の中であらゆる
ルーツを探ってみる

　文章を書く技術を磨く上で、自分が好きな小説家やエッセイスト、コラムニストなど、先人の書き手の文章を真似をするというのも１つの方法です。

　よく知られた小説家の修行方法の１つとして、「写経」と呼ばれるものがあります。本来の写経はお経を書き写すことですが、こちらの写経は文章を真似したい小説を書き写すというものです。小説を書き写すことで、その小説を書いた小説家の語彙や技術を身につけるのです。

　この写経まで実践しなくても、参考にしたい先人の作品の文章をじっくりと読み込むだけでも文章力アップには効果があることでしょう。

　そうした先人の作品から学ぶ際に覚えておいてほしいことがあります。それは、**「ほとんどの作品は完全にゼロから生み出されたのではなく、先人の作品を参考にして生み出されている」**ということです。つまり、多くの作品にはルーツと言うべきものが存在しているのです。

　これは当然のことであり、悪いことでも何でもありません。世

界中で大ヒットした鳥山明氏の漫画『ドラゴンボール』が、中国の古典である『西遊記』をモチーフにしていることはよく知られています。大ヒットしたアニメーション映画『君の名は。』などの新海誠監督は中央大学の文学部文学科国文学専攻を卒業していて、作品の発想を『万葉集』などから得ているそうです。

　ここで挙げた例以外にも、古今東西の様々な作品が過去の作品から影響を受けながら生み出されてきています。先人が残した作品から影響を受けて創作をすることで、より豊かで深いものが生み出せるのだといえそうです。

　214〜215ページで古典を読むことの重要性を紹介しましたが、クリエイターたちも古典に触れることで自分自身の作品をより面白いものにしているのです。

　しかし、先ほど例として挙げた『ドラゴンボール』も『君の名は。』も多くの人たちから人気を博しましたが、『西遊記』や『万葉集』といったルーツまで意識した人は少なかったのではないでしょうか。その作品の言葉のルーツがどこにあるのかという疑問や興味を持てば、作品への理解がより深まることでしょう。

　日頃から「この作品のルーツはどこにあるのかな？」と疑問や興味を持つことは、あなたの言葉に関するセンスを鋭いものにし、言語化の能力も深めてくるはずです。

ポイント

- 優れた言葉を操る先人も何らかの作品から影響を受けている。
- 過去の作品から影響を受けることでより深い作品がつくれる。
- そうした作品のルーツに興味を持とう。
- ルーツを探ることで作品への理解が深まる。

■主要参考文献

『語彙力がないまま社会人になってしまった人へ』山口謡司著（ワニブックス）

『頭の中を「言葉」にしてうまく伝える。』山口謡司著（ワニブックス）

『13歳からの読解力』山口謡司著（PHP研究所）

『言葉を減らせば文章は分かりやすくなる』山口謡司著（ワニブックス）

『心とカラダを整えるおとなのための1分音読』山口謡司著（自由国民社）

『品がいい人は、言葉の選び方がうまい』山口謡司著（三笠書房）

監修 山口 謡司（やまぐち　ようじ）

1963年、長崎県に生まれる。平成国際大学新学部設置準備室学術顧問。大東文化大学名誉教授。フランス国立社会科学高等研究院大学院に学ぶ。ケンブリッジ大学東洋学部共同研究員などを経る。　著書にはベストセラー『語彙力がないまま社会人になってしまった人へ』（ワニブックス）をはじめ、『文豪の凄い語彙力』『一字違いの語彙力』『頭のいい子に育つ0歳からの親子で音読』『ステップアップ0歳音読』『いい子が生まれる 胎教音読』、監修に『頭のいい一級の語彙力集成』（以上、さくら舎）などがある。

言語化100の法則

2024年6月30日　初版第1刷発行

監　修──山口 謡司　ⓒ2024　Yoji Yamaguchi
発行者──張 士洛
発行所──日本能率協会マネジメントセンター
〒103-6009 東京都中央区日本橋2-7-1　東京日本橋タワー
TEL 03（6362）4339（編集）／03（6362）4558（販売）
FAX 03（3272）8127（編集・販売）
https://www.jmam.co.jp/

装丁─────冨澤 崇（EBranch）
編集─────柏もも子、細谷健次朗（株式会社G.B.）
編集協力───松本鹿介、塩澤雄二、つくだとしお、龍田昇
本文デザイン──深澤祐樹（Q.design）
DTP─────G.B.Design House
印刷・製本───三松堂株式会社

ISBN 978-4-8005-9225-5 C2034
落丁・乱丁はおとりかえします。
PRINTED IN JAPAN